¡Hola amiguitas! ¡Hola amiguitos!

¿Os gustaría descubrir nuestro Libro de Viajes?

Tiene historias, poemas, imágenes y fotografías, pero además, es un Libro de Viajes muy especial, que os llevará a descubrir lugares y también… ¡épocas diferentes!

¡Venid con nosotros! Viajaremos por antiguas civilizaciones, viviremos emocionantes aventuras entre las estrellas y nos detendremos en los maravillosos mundos del arte y de la magia.

Os invitamos a hacer un gran viaje a través del tiempo.

¡Vamos a leer!

Selene y Cronos

ÍNDICE

ÍNDICE

CUANDO VEAS...

Consulta en Internet

Usa el diccionario

Ve a la biblioteca

DEL LIBRO DE VIAJES DE SELENE Y CRONOS:

El viaje en el tiempo

PRIMERA ETAPA
La máquina del tiempo

La máquina apareció en nuestro primer salto en el tiempo. En esta etapa también descubrimos a Tempo, que, desde entonces, nos acompañó en todos nuestros viajes.

Reloj de arena

SEGUNDA ETAPA
La era de los mamuts

En nuestro segundo salto en el tiempo conocimos a los mamuts, y a los hombres y a las mujeres que compartieron el planeta con ellos. ¡Una aventura inolvidable!

Descubre a los mamuts en la **página 12**

¿Conseguirán los pequeños salvajes dar caza al pequeño mamut? Lee la **página 13**

La tableta misteriosa

Lo primero que hizo Selene, cuando descubrió el secreto de su tableta digital, fue no creérselo. Luego, pensó que aquello era muy raro. Por último, buscó a su amigo Cronos en el jardín del edificio donde los dos vivían con sus padres, y se lo contó.

—No veo nada raro en tu tableta —dijo Cronos—. Solo tiene libros digitales.

—También tiene un juego, mira —insistió Selene—. Eliges un libro, tocas esta tecla azul y entonces... pasa. Ayer elegí este y... ¡me encontré en la Antigua Grecia!

—Pues yo tengo un juego para viajar a Europa, la luna de Júpiter.

—¡Pero esto no es un juego! Es un viaje de verdad, ¡yo fui a la Antigua Grecia! ¡Estuve allí!

—¡Hala! Eso no puede ser. No existe la tecnología para viajar en el tiempo.

—Pues yo lo he hecho. Al principio me asusté, pero cuando vi que podía regresar... ¡fue muy divertido! Mucho mejor que ver una película. ¿Quieres probar? Mira, elige un libro.

—Mmm... no sé... No me lo creo... pero... a ver, ¡este!, «La máquina del tiempo».

—Lo selecciono en el juego y... verás como aparecemos en la misma época de la que trata el libro. Dame la mano, hago clic y...

Selene tocó un botón azul en la pantalla de su tableta misteriosa y de repente, ella y Cronos atravesaron las paredes del tiempo hasta llegar a la época de... «La máquina del tiempo».

La máquina del tiempo

Cuando terminamos de cenar, el Viajero a través del Tiempo nos explicó un misterioso asunto mientras el fuego ardía en la chimenea y las lámparas daban un suave resplandor. Todos estábamos cómodamente sentados en los sillones que él mismo había diseñado, y que parecían abrazarnos.

Según el Viajero a través del Tiempo, además de la anchura, la longitud y la altura, existía una cuarta dirección o dimensión: la duración o… el tiempo.

—No hay diferencia entre el tiempo y las otras tres dimensiones del espacio —dijo el Viajero a través del Tiempo—. Los hombres de ciencia saben muy bien que el tiempo se parece al espacio. Y yo estoy trabajando en ello.

—Si el tiempo es una cuarta dimensión del espacio —replicó el Doctor mirando los leños que ardían en la chimenea—, ¿por qué no podemos movernos aquí y allá en el tiempo, igual que nos movemos aquí y allá en el espacio?

—¿Está usted seguro de eso?– contestó el Viajero a través del Tiempo—. Podemos ir a la izquierda y a la derecha, adelante y atrás, pero, ¿podemos ir arriba y abajo?

—Ahí tiene usted los globos aerostáticos —respondió el Doctor.

—Excepto este nuevo invento de los globos y algunos saltos y diferencias del terreno, no tenemos libertad para movernos arriba y abajo —dijo el Viajero.

—Pero puede usted moverse de aquí para allá en el espacio —interrumpió el Psicólogo—, sin embargo, no puede ir y venir de ayer a mañana.

—Ese es el origen de mi gran descubrimiento —afirmó el Viajero a través del Tiempo—. Si podemos elevarnos en el aire en un globo, a pesar de que la ley de la gravedad nos tira hacia abajo, ¿por qué no vamos a poder acelerar nuestra marcha a lo largo de la dimensión tiempo, incluso dar la vuelta y viajar en el otro sentido, es decir, hacia atrás?

—Porque eso va contra la razón —dijo Filby.

—Es posible —replicó el Viajero a través del Tiempo—. Sin embargo, hace mucho que estoy trabajando en una máquina…

—¡Para viajar a través del tiempo!— exclamó el Muchacho Muy Joven.

—Que viaje en todas las direcciones del espacio y del tiempo, como decida su conductor —aclaró el Viajero a través del Tiempo.

Filby se limitó a reír.

—¿Va usted a experimentar con eso? —exclamé.

El Viajero a través del Tiempo nos miró y sonrió.

—¿Quieren ustedes ver la máquina del tiempo? —preguntó.

Y, dicho esto, cogió una lámpara y nos mostró el camino a través del largo y oscuro corredor que llevaba hacia su laboratorio. Y allí estaba la máquina. Tenía partes de níquel, de bronce, de marfil y otras de cristal de roca. Sobresalían dos palancas blancas —una de arranque y otra de freno—, y una varilla muy brillante, además de un asiento para el viajero, un reloj y cuatro cuadrantes que señalaban los días, los millares, los millones y los cientos de millones de días. Parecía casi completa, aunque había unas barras de cristal retorcido sobre un banco de carpintero, junto a algunos planos. Me acerqué a una de aquellas barras para examinarla mejor. Parecía de cuarzo.

—¿Habla usted en serio? —preguntó el Doctor. ¿O es otra de sus burlas?

—Montado en esta máquina —dijo el Viajero a través del Tiempo, levantando la lámpara—, exploraré el tiempo. Nunca he hablado más en serio en toda mi vida.

Ninguno de nosotros sabía qué pensar de todo aquello.

Filby me miró por encima del hombro del Doctor y me guiñó un ojo.

Adaptación de *Herbert George Wells*, La máquina del tiempo, (fragmento).

ACTIVIDADES

1 Busca información en el texto sobre la época de «La máquina del tiempo»: ¿ocurre en el pasado, en el presente o en el futuro?

2 Responde:

a. ¿Cuántos personajes hay en esta historia? Di quiénes son.

b. Según el Viajero del Tiempo, ¿cuántas «dimensiones» existen y cuáles son?

c. ¿De qué materiales estaba hecha la máquina del tiempo?

d. ¿Te gustaría viajar en el tiempo? ¿Por qué?

3 Descubre en esta dirección:

A H. G. Wells. Es un escritor de los siglos XIX y XX. ¿En qué año se publicó por primera vez su novela «La máquina del tiempo»?

http://es.wikipedia.org/wiki/Herbert_George_Wells

ADIVINA, ADIVINA

¿Qué cosa es,
que corre y corre
y no tiene pies?

Un árbol con doce ramas,
cada una con un nido,
cada nido siete pájaros
y cada cual con su apellido.

Me paso la vida dando vueltas y vueltas,
camino poco a poco
y por más que camino y camino,
siempre estoy en el mismo lugar.

En un pasado muy, muy lejano...

Selene y Cronos regresaron al jardín del edificio donde vivían, casi en el mismo instante en el que habían partido hacia su primer salto en el tiempo.

—¿No lo hemos soñado? —preguntó, todavía sin creérselo, Cronos.

—No, qué va —protestó una vocecita desde el suelo—. Aún me duele la cabeza por este salto temporal, ¡no me avisasteis que venía al futuro!

—Es el presente —corrigió Cronos levantando algo del suelo.

—Vuestro presente. Para mí, que soy un autómata del siglo XIX, es mi futuro —replicó la vocecilla.

Selene y Cronos volvieron de su viaje en compañía de Tempo, un simpático reloj de arena, también inventado por el Viajero del Tiempo, que hablaba y sabía muchas cosas.

—¿Hacemos otro viaje al pasado a ver si se va mi dolor de cabeza? —sugirió Tempo.

—¿A qué época? —preguntó Selene.

—Siempre quise ver un mamut… —respondió Cronos sin dejar hablar a Tempo.

—Mamut… —buscó Selene—. ¡Aquí! Un libro de mamuts, toco el botón azul y…

En el acto, Selene, Cronos y Tempo se encontraron descubriendo cómo fue el lejanísimo tiempo de los mamuts, cuando los humanos aprendían a vivir sobre la Tierra.

CUANDO VIVÍAN LOS MAMUTS

Los mamuts eran animales de la familia de los elefantes. Están extintos, es decir, ya no existen. Algunos, como el mamut lanudo, tenían el cuerpo cubierto de un pelaje espeso, largos colmillos curvos y eran más grandes que los elefantes.

Durante la última glaciación o «Edad del hielo», muchas manadas de mamuts lanudos vivían en Europa. En aquella época, que terminó hace más de 10.000 años, el hielo del polo norte cubría gran parte de Asia, de Norteamérica y de Europa, y llegaba hasta España.

Los humanos ya existían. Eran cazadores y recolectores que vivían en cuevas o cabañas. Recogían frutas, huevos y hierbas para comer, y cazaban con lanzas, flechas y cuchillos de piedra. Por eso aquella época se llama «Edad de Piedra». Pero también usaban huesos, cuernos, pieles, madera y fibras vegetales para otros utensilios. En estos utensilios y en las pinturas de las cuevas, nos dejaron información sobre los mamuts.

ACTIVIDADES

4. Explica dónde habitan actualmente los mamuts.

5. ¿Cómo vivían los pueblos de la «Edad de Piedra»?

Pintura de la Edad de Piedra

Los pequeños salvajes

Los pequeños salvajes eran unos niños de la Edad de Piedra que, junto con sus padres, cazaban y recolectaban frutas para comer. Todavía estaban aprendiendo, pero ya querían cazar al enorme y gordo mamut. Y aunque todo les salía mal, seguían pensando en cómo cazar al mamut.

Los grandes y fuertes salvajes

Un buen día, ¿o fue una buena noche?, los pequeños salvajes empezaron a dudar de sus fuerzas. Su valor había disminuido considerablemente, y de repente, habían comenzado a dudar de si algún día conseguirían ser unos grandes cazadores. Entonces, el más pequeño de todos se acordó de lo que le había contado su tatarabuelo a su abuelo.

—Me dijo que con creer en la capacidad de uno mismo es suficiente. Si uno cree, con todas su fuerzas, que de verdad es fuerte y valiente, puede vencer hasta al mamut más grande.

Enseguida los pequeños salvajes empezaron a sentirse fuertes y poderosos.

—¡Somos fuertes!

—¡Somos valientes!

—¡Mirad mis músculos!

—¡Cada vez son más grandes!

—¡Toca los míos!

—¡Pues anda que los míos!

Muy pronto tuvieron la sensación de que eran los salvajes más grandes del mundo mundial.

Cada uno cogió una lanza y empezaron a danzar de alegría.

—¡Seremos los mejores y los más orgullosos cazadores! ¡Aaaaauuuuu!

—¡Nuestra fuerza y nuestra grandeza harán temblar al mamut! ¡Aaaaauuuuuu!

—¡Se encogerá de miedo, hasta ser muy chiquitito! ¡Aaauuuaaauuuaaaauuu!

Dejaron todo lo que estaban haciendo y partieron a la estepa, sobrecogidos por la fiebre del cazador más salvaje y cantando las canciones más temerarias que conocían:

«Somos cazadores salvajes,
cazamos con grandes lanzas,
y cuando nosotros llegamos,
se acaba la tranquilidad.
Los mamuts empiezan a tiritar,
y corren…, corren apresurados,
pero nada lo podrá remediar,
pues ¡van a acabar asados!»

No tardaron en vivir la sorpresa más sorprendente de sus vidas: se habían convertido realmente en unos grandes y fuertes salvajes, y el mamut, vaya, ¡era tan minúsculo que por poco pasan de largo!

—¡Mi tatarabuelo tenía razón! —se alegró el más pequeño de todos, y echó a correr tras el mamut que intentaba huir.

¡Pobre pequeño mamut! Para su desgracia se cayó en una trampa.

Lanza en mano, los pequeños salvajes rodearon a su presa.

—¡Mamut, nosotros somos fuertes! —exclamó el más pequeño de todos—. ¡Y tú eres mucho más pequeño que nosotros!

—¡Pequeño como una hormiga! —gritaron los demás.

—Porque tú no eres tan grande como siempre nos haces creer. ¡En realidad solo eres un renacuajo!

—¡Clemencia! —exclamó el mamut, y su voz ya no sonaba profunda y poderosa, sino débil y fina.

El más pequeños de todos los salvajes recogió al mamut y se lo puso bajo el brazo.

—No es que tengas mucha carne, pero para un caldito bastará.

—¡Tened compasión de mi pequeño cuerpo! Si tengo menos carnes que la pata de un jilguero. Y además, no soy sabroso...

¡El mamut estaba desesperado!

«Seguro que solo es un mal sueño», pensó.

¡Y por suerte el mamut tenía razón! Porque justo en el momento en que los pequeños salvajes se disponían a preparar su gran festín...

—¡Arriba! ¡Sacudid las mantas!

...Tuvieron un despertar un tanto brusco.

Eran sus malhumorados padres que parecían tremendamente cansados y tenían profundas ojeras en la cara.

—¡¿Podéis explicarnos por qué os habéis pasado toda la noche aullando y cantando salvajes canciones?!

—¡Nosotros, eh, éramos los cazadores más grandes del mundo!

—¡Y cazamos a un mamut!

—¡Exactamente, así fue!

—Está bien —dijeron los mayores—. Nosotros no hemos podido pegar ojo. Por eso hemos decidido que ya que sois unos valientes guerreros, vayáis a recoger ahora mismo moras para nuestro desayuno. Mientras tanto, nosotros nos echaremos a dormir otro poquito para recuperarnos de vuestra caza...

—¡Pues vaya rollo!

—¡Esperad a que seamos mayores, ya veréis!

—¡Los adultos son una lata!

—¡Y que lo digas!

Los pequeños salvajes estaban muy disgustados.

Jackie Niebisch, Los pequeños salvajes. Colección Tucán. Editorial edebé, (fragmento).

ACTIVIDADES

6 Escoge un significado para la palabra «estepa»:

a. Bosque poblado por una gran variedad de árboles.

b. Territorio llano, extenso, con hierbas bajas y matorrales.

7 Responde:

a. ¿Qué problema tienen los pequeños salvajes?

b. ¿Por qué danzan y cantan?

c. ¿Consiguen lo que quieren?

d. ¿Qué hicieron sus padres?

8 Explica cómo cazan al mamut, los pequeños salvajes.

Estepa Patagónica, Argentina

POEMA DEL ESQUELETO DE UN MAMUT

No era
la ruina de una avioneta,
como en principio se creyó.
Era la osamenta
seca y abandonada de un mamut niño,
muerto en algún sitio de Siberia
y que un excursionista descubrió.

La avioneta es un ser mecánico,
y un gran sabio probó
que la osamenta tenía colmillos,
animal con más de un título
para estar en el Gran Zoo.

Nicolás Guillén, Al público.
Avio-Mamut, (fragmento).

DEL LIBRO DE VIAJES DE SELENE Y CRONOS:

La Antigüedad

TERCERA ETAPA
Las antiguas civilizaciones

Fuimos al Antiguo Egipto, a Iberia y a la Antigua Grecia. ¡Nos gustó mucho!

1, 2, 3 de repente en... Egipto, **página 24**

Egipto

Descubre la leyenda de los Pirineos en la **página 28**

Lee la biografía de la reina Hatshepsut en la **página 27**

Neptuno, el dios del mar, ayudó a Eneas, averigua cómo lo hizo en la **página 37**

La guerra de Troya empezó por una manzana, lee el poema en la **página 41**

Aprende cómo era el mundo antiguo en la **página 23**

En un pasado más conocido...

Cuando Selene, Cronos y Tempo se cansaron de ver mamuts, y de jugar con los pequeños salvajes cazadores de mamuts, Selene propuso regresar a casa.

—¿Y por qué no visitamos primero el Egipto de los faraones, Iberia y la Antigua Grecia? —preguntó Cronos—. La maestra nos pidió información sobre estas civilizaciones antiguas. Si vamos allí, será más divertido y fácil hacer el trabajo.

—¡Vale! Tengo ganas de volver a la Antigua Grecia —dijo Selene y empezó a buscar en su tableta el libro que les ayudaría a dar el salto en el tiempo, desde la era de los mamuts, hasta la Antigüedad.

—Empecemos mejor por el Antiguo Egipto, como dijo la maestra, me parece que está unos miles de años antes que Grecia —sugirió Cronos.

—Querrás decir que viajaremos unos miles de años hacia adelante —corrigió Tempo—, porque ahora estamos entre mamuts, mucho antes de que existan las civilizaciones.

—¡La tengo! —exclamó Selene—. Una historia sobre Egipto y las pirámides, otra de Hércules en Iberia y... ¿queréis saber algo de Troya?

—¡Síii! —gritaron Tempo y Cronos.

—Pues vamos allá, ¡hacia el mundo antiguo! —dijo Selene y tocó la tecla azul de su tableta. Entonces, los tres amigos volvieron a saltar en el tiempo.

EL MUNDO ANTIGUO

Hace miles de años, los hombres y las mujeres aprendieron a sembrar y a domesticar animales. Algunos de ellos, los pueblos nómadas, viajaban de un lugar a otro en busca de pastos para sus ganados. En cambio, otros pueblos se dedicaron a la agricultura y se agruparon en aldeas.

Poco a poco, las aldeas crecieron y se convirtieron en ciudades. Tuvieron gobernantes o reyes y construyeron palacios, grandes edificios donde estos gobernantes vivían con sus familias, y donde se hacían los trabajos administrativos de la ciudad.

Las ciudades comerciaron entre ellas y apareció la escritura, y con ella, la literatura y la historia. Esto ocurrió hace unos 6.000 años. También se levantaron templos y se escribieron las historias de las diosas y los dioses, de los héroes y los monstruos fabulosos. Y de estas antiguas historias, nacieron las mitologías.

Esta larga época del pasado recibe el nombre de «Edad Antigua».

ACTIVIDADES

1. Explica cómo nacieron las primeras ciudades.
2. Según el texto, ¿qué es la «mitología»?

Soldados asirios

Jeroglíficos egipcios

Cerámica griega

1, 2, 3 de repente en... Egipto

[...]

Aquella noche Martín preparó su bolsa de viaje. La gorra, una botella de agua, el botiquín de primeros auxilios, los mapas y el amuleto de piedra del escarabajo; metió todo esto en su mochila. Lee, su dragón mascota, lo observaba y movía las orejas mientras hacía los preparativos.

«Estás tan nervioso como yo», le dijo Martín a Lee.

Cuando terminó, Martín abrió el álbum de viajes y leyó lo que había escrito su abuelo sobre Egipto. Estudió con detalle los dibujos y fotografías. Había una fotografía de un hombre de pelo y bigote gris. Debajo, el abuelo de Martín había escrito: Khaled, un buen amigo. «Hemos de localizar a Khaled, él nos ayudará a explorar Egipto».

Martín se colocó la mochila y se colgó en el cuello el collar mágico. Cogió con fuerza a Lee, cerró los ojos y dijo: «¡A EGIPTO!» Un, dos, tres, de repente en...

Martín estaba en Egipto, en medio de una tormenta de arena del desierto. Cuando pudo ver algo se dio cuenta de que estaba delante de un hombre que se parecía mucho a Khaled, el de la vieja fotografía, aunque este era mucho más joven.

La Gran Pirámide de Kheops
y la Esfinge de Gizeh

«¡Bienvenido, Martín!», dijo el hombre. «Me llamo Tarek y soy el sobrino de Khaled. Mi familia y yo te estábamos esperando».

Martín giró la cabeza y dijo con entusiasmo: «Esa es la Esfinge y allí está la Gran Pirámide!»

«Exacto», le respondió Tarek. «Estás viendo uno de los monumentos más famosos del antiguo Egipto. La Esfinge es la estatua más grande jamás esculpida en un solo bloque de piedra. Y también es la más antigua, tiene unos 4.500 años». Martín examinó la Esfinge con detenimiento. «Tiene el cuerpo de león y la cabeza humana».

Tarek insistió: «Creemos que la cabeza representa al rey Kefrén. Una de las pirámides que ves ahí es su tumba y la Esfinge se construyó para protegerla».

«Hay diez pirámides en Gizeh. La mayor es la Gran Pirámide, construida por el faraón Kheops. Los antiguos egipcios llamaban faraones a sus reyes. Creían que el alma de un faraón viajaba al más allá tras su muerte. La pirámide protegía el cuerpo que se conservaba en forma de momia. Se lo enterraba con sus bienes, sus tesoros e incluso con sus animales domésticos para que tuviese todo lo necesario en la otra vida».

Martín siguió a Tarek al interior de la Gran Pirámide donde había larguísimos pasadizos y muchas habitaciones.

«Observa los jeroglíficos grabados en las paredes», le dijo Tarek. «Son una especie de pequeños dibujos que tienen un significado».

Cristina Falcón Maldonado, 1, 2, 3 de repente en... Egipto. El ojo de Horus. Editorial edebé, (fragmento).

ACTIVIDADES

3 Responde:

a. ¿Cómo viajó Martín a Egipto?

b. ¿A qué lugar de Egipto llegó Martín?

c. ¿Cómo reconoció a Tarek?

d. ¿Qué hicieron Martín y Tarek?

4 Explica por qué los antiguos egipcios enterraban las momias de sus reyes en pirámides.

5 Ordena estas imágenes según aparecen en el texto.

6 Resuelve este enigma:

HACE MÁS DE 3.500 AÑOS...

Existió una reina-faraón que se llamó Hatshepsut y gobernó en el Antiguo Egipto durante veintidós años. Su padre, Tutmosis I, fue un gran faraón cuyo reino se extendió desde el río Nilo hasta el río Éufrates, a muchos kilómetros de su capital. Su madre fue Ahmose, la gran esposa real.

En aquella época, los faraones podían tener más de una esposa, pero generalmente reinaban los hijos de una gran esposa real, o los que se casaban con una de las hijas de una gran esposa real.

Como los hermanos varones de Hatshepsut habían muerto, ella pensó que la elegirían reina. Sin embargo, los nobles de palacio coronaron al hijo de una de las esposas secundarias de su padre.

Al poco tiempo, también este faraón murió y dejó un hijo muy pequeño para reinar. Hatshepsut, entonces, reinó como regente hasta que el niño se hizo mayor. ¡De esto hace más de 3.500 años!

Durante su reinado, Hatshepsut dirigió los ejércitos egipcios, embelleció edificios, levantó obeliscos y construyó grandes templos.

Hatshepsut, reina-faraón del Imperio Egipcio

ACTIVIDADES

7. ¿Por qué Hatshepsut creía que podía reinar?

8. Hatshepsut consiguió reinar porque:
   a. Ganó muchas batallas.
   b. El hijo del faraón era muy pequeño.

9. Busca en esta dirección el nombre de otras dos reinas-faraón del Antiguo Egipto:

http://es.wikipedia.org/wiki/Reina-Faraón

La princesa Pirene

Esta historia me la contó mi amigo Leandro, cocinero excelente y, también él, gran aficionado a los cuentos y leyendas de todo el mundo. Leo tiene su restaurante en un pequeño pueblo del Pirineo. Desde los amplios ventanales de su cocina, allá en lo alto, se puede gozar de un magnífico panorama en cualquier estación del año.

—Estoy enamorado de estas montañas —me dijo una mañana, mientras preparaba una tortilla de patatas, que es su especialidad—. Si quieres, te contaré la historia de la princesa Pirene. Es una leyenda triste, pero explica, a su manera, cómo ha surgido en este lugar un paisaje tan hermoso.

Así —gracias a mi amigo Leandro, saltando de boca en boca y de siglo en siglo— ha llegado hasta mí este relato, desde un tiempo muy lejano. Tan lejano que España todavía no existía, y en su lugar había un reino llamado Iberia.

En aquellos días, el rey de Iberia era Túbal, padre de la princesa Pirene, una muchacha de belleza extraordinaria. No había poeta de la península Ibérica que no le dedicara sus mejores versos. Tanto se hablaba de la hermosura de Pirene que su fama llegó también a los seis oídos de Gerión, monstruoso personaje conocido asimismo por el nombre de Gritón. Aclaro enseguida que no he cometido error alguno: he querido decir y he dicho... seis oídos. Porque Gerión era un gigante que, si bien tenía solo dos fuertes y poderosas piernas, poseía tres torsos. Y esos torsos estaban dotados, cada uno, de sus correspondientes brazos, cuello y cabeza.

Por si todo eso fuera poco, Gerión era muy testarudo. Se le había metido entre ceja y ceja —¡no una vez, sino tres veces entre ceja y ceja!— que la bella Pirene debía convertirse en su esposa. ¿Imagináis la tozudez que puede llegar a alcanzar un triple cabeza dura?

Es sorprendente, pero lo primero que hizo el monstruo para lograr su objetivo no fue precisamente una monstruosidad:

Lago de Pedourres, Andorra, Pirineos centrales

se presentó ante Túbal y le pidió la mano de su hija.

—Lo siento, pero no puedo imponerle a Pirene un marido —respondió el rey—. Es ella quien debe elegir.

«Empezamos mal», pensó Gerión con una de sus cabezotas, al tiempo que con la boca de otra decía:

—Muy bien. Escucharemos la opinión de tu hija.

El rey pidió a uno de sus sirvientes que mandara llamar a Pirene, quien no tardó en presentarse.

«¡Vaya, es aún más hermosa de lo que yo creía!», pensaron todas las cabezas del monstruo al mismo tiempo.

Túbal le explicó a la princesa el motivo de la visita del gigante. La muchacha no dudó:

—¡No, no y no! —exclamó horrorizada, como si enviara su rotunda negativa por triplicado para que a cada una de las cabezas de Gerión le quedara claro.

—¡Pues ateneos a las consecuencias! —rugieron simultáneamente, atronadoras, las tres bocas del pretendiente, a quien, no olvidemos, también llamaban Gritón, y por algo debía de ser…

El gigante, furioso, desenvainó tres espadas y arremetió contra el rey.

Aunque Túbal era un guerrero extraordinario y de valentía mil veces probada, poco pudo hacer contra aquel triple ataque. Apenas si logró mantener ocupado al monstruo durante un tiempo, dando así a su querida hija la oportunidad de emprender la huida.

Aterrorizada, Pirene huyó hacia el norte, y no detuvo su carrera hasta llegar a un monte bajo y áspero, cubierto de pinos, cerca del mar Mediterráneo. Allí, en esa región llena de senderos estrechos y de cuevas profundas, creyó encontrar un refugio adecuado para ocultarse.

Tras doblegar la resistencia del rey y darle muerte, Gerión partió en busca de la princesa.

Preguntó a unos y a otros con sus tres bocas, amenazándolos con sus tres espadas...

Miró hacia todos lados con sus seis ojos...

Al fin, encontró el rastro que debía llevarlo hacia el escondrijo de la pobre muchacha. Pero si bien sus pasos lo condujeron hasta la zona donde se había escondido Pirene, había allí tantas cuevas que resultaba imposible hallarla. El gigante se enfadó terriblemente y decidió provocar un gran incendio para acabar con la princesa.

La vegetación empezó a arder.

El viento que soplaba desde el mar arrastró las llamas a gran velocidad, convirtiendo toda la región en un auténtico infierno.

Una gruesa columna de humo negro se elevó hacia el cielo,

Pirene comprendió que, si permanecía en la cueva que le servía de refugio, moriría asfixiada. Entonces corrió hacia la salida, pero allí se encontró con un muro de fuego.

—¡Socorro! ¡Ayuda! —empezó a gritar, desesperada.

El destino quiso que, justo en ese momento, el legendario Hércules pasara

por Iberia camino de Italia.
Con su fuerza, más propia de los dioses que de los hombres, acababa de abrir el estrecho de Gibraltar para separar Europa de África.

Al ver la columna de humo se acercó a comprobar qué pasaba.

Y allí estaba, viendo cómo avanzaba rápidamente el incendio que arrasaba la vegetación del montecillo, cuando oyó los gritos de la hija de Túbal.

—¡Socorro! ¡Ayuda!

Sin dudarlo, Hércules metió su fuerte brazo en la hoguera, recogió a la pobre Pirene y la sacó de aquel infierno.

Pero ya era tarde. La hermosa princesa se encontraba malherida, con graves quemaduras en todo el cuerpo. Antes de morir, apenas tuvo fuerzas para contarle a Hércules lo que había ocurrido y cómo había llegado hasta allí.

Hércules, muy conmovido por aquella desgracia, decidió enterrarla en aquel mismo lugar. Sin embargo, enseguida pensó que aquel sitio no estaba a la altura de la belleza de Pirene. Entonces, con sus poderosas manos, fue recogiendo las rocas caídas y quebradas por el incendio y colocándolas artísticamente una sobre otra.

Trabajó un buen rato, hasta que aquello quedó convertido en un gigantesco y maravilloso mausoleo: una cadena de montañas en cuyo seno descansa, para siempre, la hermosa hija del rey Túbal.

Desde entonces, en recuerdo de la desventurada princesa —me explicó mi amigo Leandro—, esas montañas se llaman Pirineos.

Cuento de España. *Jorge Zentner*, La princesa Pirene. Cuentos del cocinero. Editorial edebé, (fragmento).

ACTIVIDADES

10 ¿Quién cuenta la leyenda de Pirene al autor de esta historia?

11 Ordena según el texto:

a. Pirene se negó a casarse con Gerión y huyó al norte, junto al Mediterráneo.

b. Hércules vio el humo y se acercó.

c. Túbal era rey de Iberia y padre de la princesa Pirene.

d. Gerión encontró a Pirene e incendió el monte donde se escondía.

e. Hércules puso piedras sobre la tumba de Pirene y formó los Pirineos.

f. El gigante Gerión quiso casarse con Pirene.

g. Antes de morir, Pirene contó a Hércules lo ocurrido.

h. Gerión atacó al rey con sus tres espadas mientras Pirene huía.

i. Hércules sacó a Pirene del incendio, pero la princesa estaba malherida.

12 Describe al monstruo Gerión:

- Cómo era físicamente.
- Cómo era su manera de ser.
- Qué otro nombre tenía.

Picos en Panticosa, Huesca, Pirineos centrales

La Odisea

Hacía ya tiempo que la guerra de Troya había acabado. Los griegos habían vuelto a su tierra después de vencer a los troyanos.

Sin embargo, Ulises, cuyo nombre en griego era Odiseo, uno de los mejores guerreros griegos y el más astuto, no había llegado aún a la hermosa isla de Ítaca, donde le estaban esperando desde hacía años Penélope, su mujer, y Telémaco, su hijo.

Y es que la ninfa Calipso retenía en la isla Ogigia a Ulises, convencida de que con el tiempo accedería a casarse con ella. Ulises lloraba de rabia, porque no veía el momento de volver a su tierra y abrazar a su mujer. Pero ¿cómo salir de la isla si no había ninguna barca en ella?

La isla Ogigia estaba en el centro del mar, azotada por el viento, y tenía árboles muy altos. En una gruta de aquella isla vivía la hermosa Calipso, hija del gigante Atlante, el que sostenía con sus hombros la esfera del cielo.

En el Olimpo, por supuesto, todos los dioses conocían la situación de Ulises y a ninguno le gustaba, salvo a Poseidón, el dios del mar, que estaba muy enfadado con el héroe porque había vencido a su hijo, el gigantesco cíclope... Pero esa es una historia que contaré más adelante.

La que estaba más preocupada por Ulises era Atenea, la diosa de ojos verdes, porque le quería mucho.

Un día que Poseidón se había ido a Egipto, Atenea aprovechó su ausencia para pedirle a su padre Zeus, el dios de los dioses, que tuviera lástima de Ulises y le ayudase a salir de la isla Ogigia y a volver a su tierra.

Le pidió que enviara allá al dios Hermes, su mensajero, para decirle a Calipso que dejara marchar a Ulises. Mientras tanto ella iría a Ítaca a dar ánimos a Telémaco. Le diría que fuera a Esparta a buscar noticias de su padre al tiempo que se daba a conocer por otras tierras.

Y a Zeus le pareció bien lo que le pedía su hija.

[…]

Atenea se calzó las sandalias con alas que le permitían volar a la velocidad del viento sobre el mar y la tierra. Luego cogió la larga lanza, que tenía una aguda punta de bronce, con la que destruía filas enteras de héroes cuando se enfadaba con ellos, y bajó del alto monte Olimpo hasta llegar a la isla Ítaca.

Se detuvo a las puertas del palacio y cambió su aspecto para que nadie pudiera reconocerla. Tomó la apariencia de un extranjero, pero no de uno cualquiera, sino de Mentes, rey de una isla vecina.

En los porches del palacio estaban los pretendientes de la reina Penélope. Eran los soberbios hijos de los reyezuelos vecinos, de la misma Ítaca y de otras islas. Todos querían reinar allí casándose con la reina. Se pasaban el día en palacio comiendo y bebiendo, esperando que ella eligiera a uno de ellos; devoraban lo que era de Ulises y se hacían servir por sus criados.

Rosa Navarro Durán, La Odisea contada a los niños.
Colección Clásicos contados a los niños. Editorial edebé, (fragmento).

ACTIVIDADES

13 Busca en el diccionario:

ninfa - cíclope - pretendiente - soberbio

14 Ordena según el texto:

a. La diosa Atenea pidió al dios Zeus, su padre, que ayudara a Ulises.

b. La ninfa Calipso tenía prisionero a Ulises en la isla Ogigia.

c. Ulises era uno de los guerreros griegos vencedores de la guerra de Troya.

d. Ulises no podía salir de Ogigia porque en toda la isla no había ni un solo barco.

e. Atenea pidió que el dios Hermes ordenase a Calipso que dejara marchar a Ulises.

f. Atenea voló a Ítaca para hablar con Telémaco.

g. Penélope, la mujer de Ulises, y Telémaco, su hijo, lo esperaban en la isla de Ítaca.

h. En Ítaca, Atenea se convirtió en el rey Mentes para que Telémaco no la reconociera.

i. En el palacio de Penélope estaban los pretendientes que querían casarse con ella y reinar.

j. Zeus estuvo de acuerdo con su hija.

15 Busca en esta dirección cuál es la antigua civilización de la que habla «La Odisea»:

http://es.wikipedia.org/wiki/Odisea

Escultura griega

La Eneida

Sabía la diosa Juno que un día los latinos, descendientes de los troyanos, acabarían con Cartago, la feroz y guerrera ciudad de Libia, a la que tanto amaba. Por eso, trataba por todos los medios de impedir que el príncipe troyano Eneas y los suyos, que habían logrado escapar de Troya en llamas, llegaran a Italia.

Llevaban largos años navegando por los mares sin poder dar con ningún sitio en el que quedarse. De pronto, un día avistaron las costas de Sicilia. Y con las velas desplegadas, empezaron a remar con todas sus fuerzas para alcanzar tierra y descansar por fin.

Juno, al verlo, exclama:

—¡Cómo es posible que yo, la esposa de Júpiter, el rey de los dioses, no pueda acabar con estos troyanos! ¡Están a punto de llegar a la isla de Sicilia!

Y para impedirlo, decide ir inmediatamente a Eolia, el lugar de los nublados, donde viven los vientos huracanados. Su rey Eolo los tiene prisioneros dentro de un monte, y allí braman furiosos. Él puede amansarlos o soltarlos. Los vientos siempre le obedecen.

Al llegar junto a Eolo, la furiosa Juno le dice:

—Los troyanos, mis enemigos, navegan por el mar y están ya muy cerca de Sicilia. Suelta

a tus vientos furiosos para que sus naves queden enterradas por las olas. Haz que esos hombres malditos vayan al fondo del mar. Te daré por mujer a la más bella de mis ninfas.

—Es cosa tuya decidir, reina —le contesta Eolo—. Yo no tengo más misión que hacer lo que me mandes. Tú conseguiste que Júpiter me diera este reino, el mando sobre las nubes y los huracanes. Gracias a ti, me siento a la mesa de los dioses. A ti te lo debo todo.

Al momento, Eolo empuja a un lado con su lanza el monte hueco, y salen libres, a toda velocidad, los furiosos vientos. Se lanzan sobre el mar y provocan una tempestad tras otra. Enormes olas llegan a las playas. Una negra noche se extiende sobre el mar. Se oyen truenos por todas partes, y los relámpagos relumbran sin parar.

Los troyanos se dan cuenta de que no pueden llegar a tierra. ¡Van a morir! Eneas, su rey, lleno de un pavor que lo paraliza, grita alzando las manos al cielo:

—¡Ojalá hubiera muerto en Troya, durante la guerra! ¡Dichosos aquellos que murieron allá en la patria! —y mientras pronuncia estas palabras, un golpe del huracán da de frente en la vela del barco y alza el mar hasta el cielo.

Se rompen los remos y se ladea la popa. El navío avanza sobre un monte inmenso de agua. Unos hombres cuelgan de la cresta de una ola. El mar abre la vista de su fondo a otros navegantes que caen en él.

El viento Noto lanza contra las peñas a tres de las naves. El viento Euro deja mal

paradas a otras tres, tras mandarlas contra unos escollos. El oleaje da tres vueltas a otro barco, y un torbellino inmenso lo sepulta entre las olas. Aquí y allá, se ven nadando a algunos náufragos junto a vigas, armas y tesoros de Troya.

De pronto Neptuno, el dios del mar, desde lo más profundo, donde tiene su palacio, oye el sordo estruendo del oleaje. Asoma su sereno rostro para ver qué está pasando y descubre la flota de Eneas desparramada por la superficie del mar, y ve cómo se desploman sobre ella el cielo y las olas. Enseguida adivina que detrás debe de andar su hermana Juno y, muy furioso, manda a Eolo que sosiegue las olas inmediatamente. ¡No es Eolo quien gobierna el mar, porque él solo puede mandar sobre los vientos en su cárcel!

En menos tiempo del que tarda en decirlo, se apacigua la furia de las olas, se barren las nubes, y sale el sol.

Las leves ruedas del carro de Neptuno, tirado por veloces caballos, se van deslizando sobre el manto sereno del mar. La sola mirada del dios lo calma todo.

Rosa Navarro Durán, La Eneida contada a los niños.
Colección clásicos contados a los niños. Editorial edebé, (fragmento).

ACTIVIDADES

16 Elige la respuesta adecuada:

a. La diosa Juno quería ayudar al príncipe troyano Eneas y a los suyos.

b. La diosa Juno no quería que Eneas y los suyos llegaran a Italia.

c. La diosa Juno quería gastarles una broma a Eneas y a los suyos.

17 Ordena estas imágenes según el texto.

A

B

C

D

E

F

G

H

I

POEMA DE LA GUERRA DE TROYA

Hubo una vez,
una fiesta sonada,
cabía hasta un juez
¡y no entraba ni un hada!

Entre ninfas y reinas,
tres diosas se encuentran:
son Hera, Afrodita,
y la sabia Atenea.

A Eris, no invitan,
—no quieren peleas—,
pero ella tirita
rumiando una idea.

Con una manzana,
la fiesta visita,
«a la diosa más bella»
la fruta dedica.

Y allí comenzó la odisea
de Hera, Afrodita,
y la sabia Atenea.

A Paris de Troya, su juicio pidieron:
«Buen juez, te regalo una joya»;
«y yo, te regalo la gloria»;
«y yo, a Helena de Troya».

Y Paris, pensando en Helena,
la fruta a Afrodita le dio.
Por esta manzana de oro,
la guerra de Troya empezó.

Hebe Prado

Angelica Kauffmann,
El juicio de Paris,
óleo sobre tela, 1778

DEL LIBRO DE VIAJES DE SELENE Y CRONOS:

La caballería en la Edad Media

CUARTA ETAPA
En busca de los caballeros y sus aventuras

En la Edad Media hicimos muchos amigos, ¡qué bien!

El caballero blanco te espera en la **página 46**

Lee en la **página 50** el poema del Cid

Vive con don Quijote la aventura de los leones en la **página 58**

Descubre la historia de Leonorcita en la **página 52**

Y en un pasado más cercano...

—¿Qué os ha gustado más? —preguntó Selene cuando regresaron al jardín del edificio donde ella y Cronos vivían.

—A mí, el desierto del Antiguo Egipto —dijo Tempo.

—Claro, como eres un reloj de arena —se rió Cronos—. Yo prefiero al guerrero Ulises.

—¿Y no os gustaría conocer a un caballero de verdad? —preguntó Selene buscando en su tableta misteriosa otro libro para la siguiente etapa de su viaje.

—Mi madre me reñirá si no estoy en casa antes de comer —aclaró Cronos.

—Mientras no cambiemos la fecha de la tableta —explicó Tempo—, regresaremos a la misma hora de nuestra partida, los viajes en el tiempo casi siempre empiezan y terminan en el mismo momento.

—Entonces, iremos a la Edad Media en busca de un verdadero caballero —dijo Selene.

—¿Y para qué quieres ver a un caballero? —preguntó Cronos.

—Para probarme una armadura —respondió muy animada Selene— y llevar un escudo y participar en torneos y vivir en castillos y... ¿a ti no te gustaría?

—No lo sé... ¿por qué no volvemos a casa? —insistió Cronos.

—Espera un poco. Busco caballero, caballería, Edad Media, toco el botón azul y... ¡ya!

CABALLEROS Y CABALLERÍAS

Se llama «Edad Media» a los mil años que van desde que la ciudad de Roma dejó de ser la capital del Imperio Romano, hasta que se inventó la imprenta.

Durante la «Edad Media», los caballeros —que es como se llamaba a los guerreros a caballo—, iban de castillo en castillo buscando aventuras, luchando en los torneos y formando las caballerías de los ejércitos. Se cubrían todo el cuerpo con placas de hierro que los protegían de flechas, mazas, hachas y lanzas.

Para ser caballero, primero había que ser paje y escudero. Luego, en una ceremonia, el rey u otro noble armaban al nuevo caballero, que juraba ser valiente, leal y cortés —es decir, agradable—, y proteger a los indefensos. Después, servía al rey o a un noble.

La caballería desapareció cuando las ciudades se volvieron más importantes que los castillos.

ACTIVIDADES

1. El tema de este texto es:

   a. La Edad Media.

   b. Las ciudades.

   c. Los caballeros.

Tirante el Blanco

Tirante el Blanco de Roca Salada era un joven y valiente caballero. Le llamaban Tirante porque su padre era señor de Tirania, una región que estaba al norte de Francia, a orillas del mar. El Blanco de su nombre venía de su madre: Blanca, hija del duque de Bretaña.

Al saber Tirante que el rey de Inglaterra se iba a casar con la hija del rey de Francia y que se iban a celebrar en Londres grandes fiestas y torneos por espacio de un año y un día, decidió ir a Inglaterra, con otros veintinueve jóvenes nobles. Quería demostrar allí lo valiente que era, y así el rey, al ver sus hazañas, le armaría caballero.

Sabía que la princesa iba a llegar a Londres el día de San Juan. Entonces empezarían las fiestas y los combates. Así que hacia allí se dirigió con sus compañeros.

Llegaron en el momento de la boda. El rey llevaba un manto rojo con adornos de armiño y una riquísima corona. La princesa era bellísima, de piel tan blanca que, según contaban, cuando bebía vino, se veía pasar el líquido rojo por su garganta. Ese día iba vestida con un traje también rojo, como el rey,

sembrado de rubís y esmeraldas. Sus largos cabellos parecían hilos de oro.

Después de la boda, los invitados se dirigieron a un prado que estaba a una milla de la ciudad, y allí comieron todos. Se bailó y se representaron obras de teatro. Y por fin dieron comienzo los torneos.

Habían acudido reyes, duques, condes, marqueses y caballeros de muchas y lejanas tierras. Todos iban a demostrar su valor. Combatieron días y días en torneos. ¡Murieron más de ciento cincuenta caballeros! El mejor de todos, el más valiente, el que ganó todas las batallas fue Tirante el Blanco.

El rey lo proclamó vencedor e hizo que le dieran un bellísimo caballo blanco. Todos lo acompañaron en procesión hasta la iglesia de San Jorge para dar gracias al santo.

En aquella iglesia el rey le nombraría caballero, su sueño.

[…]

El arzobispo de Inglaterra hizo jurar a Tirante que nunca atacaría al rey de Inglaterra y que defendería a doncellas, viudas y niños desamparados, e incluso a casadas si le pedían ayuda; y que lucharía con todas sus fuerzas y a todo riesgo si tenían razón las que le pedían socorro.

Tirante lo juró.

Después el rey le puso la espada sobre la cabeza y le dijo:

—Dios te haga buen caballero y san Jorge te haga buen señor —y le dio un beso.

Luego vinieron siete muchachas vestidas de blanco y le ciñeron la espada. Después, cuatro nobles caballeros le calzaron las espuelas. La reina se le acercó, lo cogió por un brazo y lo acompañó hasta la silla real, en donde Tirante se sentó. A un lado tenía al rey, y al otro, a la reina.

Solo entonces se sentaron los otros caballeros y doncellas, y sirvieron una comida muy abundante.

Tirante iría siempre con armadura blanca, en honor a su nombre.

Y muy pronto, sus hazañas lo hicieron famoso.

Rosa Navarro Durán, Tirante el Blanco. Colección Clásicos contados a los niños. Editorial edebé, (fragmento).

ACTIVIDADES

2 Escoge cuál de los significados de la palabra «torneo» se usa en este texto:

a. Danza con lanzas.

b. Cualquier tipo de competición.

c. Combate a caballo entre caballeros armados.

3 Responde:

a. ¿Por qué Tirante el Blanco se llamaba así?

b. ¿Cuál era el sueño de Tirante?

c. ¿Dónde viajó Tirante?

d. ¿Qué iba a pasar en ese lugar?

e. ¿Qué hizo allí Tirante?

4 Antes de ser caballero, Tirante juró respetar el código de honor de la caballería. ¿En qué consistía ese juramento?

5 Explica como fue la ceremonia para convertir en caballero a Tirante.

6 Lee este romance y encuentra qué tienen en común el caballero del romance y Tirante.

ROMANCE DE UN CABALLERO PERDIDO

[...]

—Ese caballero, amigo,
dime tú que señas ha.
—Armas blancas son las suyas,
el caballo es alazán,
y en su carrillo derecho
él tenía una señal
que siendo niño pequeño
se la hizo un gavilán.

Anónimo, Romance de la muerte de don Beltrán, (fragmento).

Poema del Cid

El ciego sol se estrella
en las duras aristas de las armas,
llaga de luz los petos y espaldares
y flamea en las puntas de las lanzas.

El ciego sol, la sed y la fatiga.
Por la terrible estepa castellana,
al destierro, con doce de los suyos
—polvo, sudor y hierro—, el Cid cabalga.

Cerrado está el mesón a piedra y lodo...
Nadie responde. Al pomo de la espada
y al cuento de las picas, el postigo
va a ceder... ¡Quema el sol, el aire abrasa!

A los terribles golpes,
de eco ronco, una voz pura, de plata
y de cristal responde... Hay una niña
muy débil y muy blanca
en el umbral. Es toda
ojos azules; y en los ojos, lágrimas.
Oro pálido nimba
su carita curiosa y asustada.

—¡Buen Cid! Pasad… El rey nos dará muerte,
arruinará la casa
y sembrará de sal el pobre campo
que mi padre trabaja...
Idos. El cielo os colme de venturas…
En nuestro mal, ¡oh Cid!, no ganáis nada.

Calla la niña y llora sin gemido…
Un sollozo infantil cruza la escuadra
de feroces guerreros,
y una voz inflexible grita: «¡En marcha!»

El ciego sol, la sed y la fatiga.
Por la terrible estepa castellana,
al destierro, con doce de los suyos
—polvo, sudor y hierro—, el Cid cabalga.

Manuel Machado, Castilla.

ACTIVIDADES

7 Responde:

a. ¿En qué estación del año ocurre este poema?

b. ¿Por qué está cerrado el mesón?

c. ¿Que quiere decir esta oración: «Al pomo de la espada y al cuento de las picas, el postigo va a ceder»?

8 Explica qué decide hacer el Cid después de oír a la niña.

Leonorcita, para no ser menos...

...Se enfrentó con su padre un día en que este miraba unas cornejas negras, y le dijo:

—Papá yo quiero ser un caballero; quiero decir una caballera.

A su padre casi le da un ataque.

—¿Tú? Eso no puede ser.

—¿Por qué?

Juan de Ermingau se puso a pensar y pensar hasta que se le incendiaron tres pelitos de las cejas. Al final respondió:

—No lo sé, pero no puede ser. Un caballero tiene que saber montar a caballo, utilizar la espada y el arco, y toda la pesca.

—Todo eso yo sé hacerlo con los ojos cerrados —aclaró Leonorcita.

—Pero, además, tendrías que vivir una temporada en el palacio del rey y...

—¡Pues iré a la capital!

—Y tendrías que ser un hombre y...

—¡Vaya! —exclamó la joven—. Mi hermano es un hombre y no ha querido saber nada de las armas. Y yo he pensado que alguien tendrá que sustituirte en el cargo de caballero cuando te mueras, ¿no?

—¡Mujer! Visto así...

Y si a Leonorcita se le ponía algo entre los pliegues del cerebro, era cuestión de no discutir más y dejarlo correr. Así que, una semana después, con otro caballo tan resplandeciente como el de su hermano, la joven se fue hacia la capital.

—Y cómetelo todo, hija, y lávate bien todos los días, y abrígate si hace frío, y…

—Que sí, mamá, que sí.

El caballero Juan de Ermingau, en esta ocasión, no pudo controlar las tres escuálidas lagrimitas. Pero, antes de que se marche su hija, le dio una carta dirigida al rey y que había tardado en escribir toda la santa noche.

La carta decía lo siguiente:

Majestad Saturnino el Primero:

Mi hija Leonorcita es más tozuda que las mulas y se ha propuesto ser caballero, quiero decir, caballera. Ya sé que es una chica y que las chicas no pueden ser caballeros ni nada de eso. También el chico se ha ido a la capital a estudiar y aún no sabemos nada de él. Así que le ruego que, cuando pueda, me los envíe a mi castillo. Mi mujer y yo, desde ahora mismo, estaremos más solos que la una y tendremos tanta pena que no nos cabrá en el pecho.

Su fiel servidor,

El caballero Juan de Ermingau

[...]

Durante dos años, Juan de Ermingau y Leonor de Fonseca trataron de disimular, como sabían y podían, la tristeza que tenían dentro del cuerpo por la ausencia de sus hijos. Alguna vez, el caballero comentaba casi susurrando:

—Si no dicen nada, es porque están bien.

Pero su esposa, que se pasaba el día mirando por el ventanal que daba al camino, movía la cabeza y, entre lloriqueos, contestaba:

—¿Y si se han perdido por el camino o han enfermado, o lo que es peor, si la gentuza de la capital nos los han estropeado?

—No, mujer, no.

—¿Y tú cómo lo sabes?

Y así, más o menos, transcurrían los días.

Un día de verano, después de desayunar, Leonor de Fonseca dijo muy decidida:

—¡Yo me voy a la capital!

Juan de Ermingau abrió la boca como si le faltara el aire.

—¿Qué dices?

—Que me voy a la capital a ver qué sucede con mis hijos.

—Al paso que vais, me quedaré solo en el castillo... —se quejó el caballero.

Y, por si acaso, se colocó las muletas, bajó los escalones que daban al patio de armas, buscó al carpintero y le ordenó:

—Saca el carro y apareja la yegua percherona.

Antes del mediodía, marido y esposa, montados en el carro, estaban dispuestos a marcharse; pero justo entonces se oyó un ruido de caballos

al galope que venía por el camino. Y un rato más tarde, aparecieron siete jinetes que se acercaban como un rayo.

—¡Abrid la puerta a los mensajeros del rey Saturnino el Primero! —gritó uno de los jinetes.

Los mensajeros llevaban una carta firmada y sellada por el rey en persona. El caballero Juan de Ermingau la abrió y, con voz temblorosa, la leyó sin saltarse ni una sola letra:

Al caballero Juan de Ermingau, y a su esposa, Leonor de Fonseca:

Vuestros mellizos, Juanito y Leonorcita, viven en mi palacio. El chico es en este momento mi secretario particular, y además, se encarga de las cuentas de la compra y venta del trigo. La chica (que dicho sea de paso es más tozuda que las mulas) ya es caballera, y también ayuda con las cuentas, es maestra de la escuela de equitación de palacio, y actúa de jueza en los torneos oficiales de espada. Así que no hace falta que os preocupéis, que no se están muriendo de hambre. ¡Ah! Y en cuanto el trabajo lo permita, os harán una visita. Eso sí: acompañados por unos cuantos caballeros para que los protejan durante el camino. ¡Hala! Saludos y que seáis my felices.

Yo, el rey

Cuando los mensajeros se fueron por donde habían venido, Juan de Ermingau y Leonor de Fonseca bajaron del carro y, más contentos que unas castañuelas, invitaron a todos los criados de palacio a pasteles de boniato y bizcochos de nueces y uvas pasas… ¡Ah! Y también a unas magdalenas de coco que el caballero había aprendido a hacer después de leer la receta en un libro que hablaba de dulces bien amasados.

—¿Te han salido buenos los bizcochos? —preguntó Leonor de Fonseca, con la alegría esparcida por todos los poros de su piel.

—¡Claro! Pruébalos y lo sabrás.

—¡Hum! ¡Qué ricos!

—Cuando regresen los chicos, haré diez kilos…

Y, por primera vez en muchos años, Leonor de Fonseca estampó un beso en la mejilla derecha de su marido. Y este, rodeado como estaba por la gente del castillo, se puso más rojo que un tomate.

Enric Lluch i Girbés, Caballero o caballera, lo sabrás a la primera.
Colección Tucán. Editorial edebé, (fragmento).

ACTIVIDADES

9 Di quiénes son los personajes de esta historia.

10 Responde:

a. ¿Qué pidió Leonorcita a su padre?

b. ¿Qué le respondió su padre?

c. ¿Por qué Leonorcita pensaba que podía ser caballera?

d. ¿Qué quería hacer la madre de Leonorcita?

e. ¿Qué consiguió Leonorcita?

f. ¿Qué hicieron el padre y la madre de Leonorcita después de leer la carta del rey?

11 Explica el significado de esta oración:

Leonorcita es «más tozuda que las mulas».

12 Resuelve este acertijo:

Grande, fuerte y de metal,
protegía al caballero
de golpes y mucho mal.

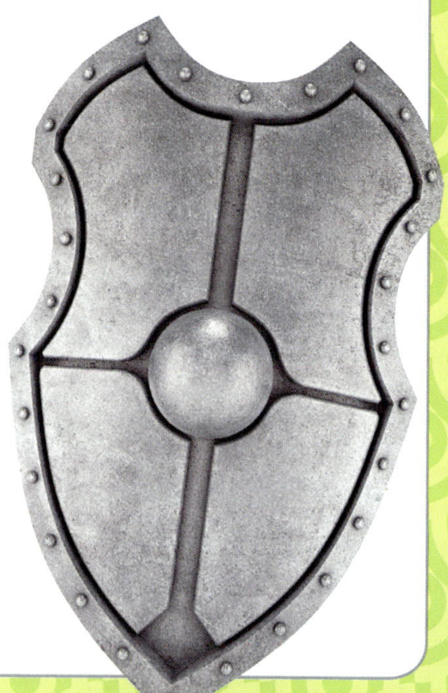

El Quijote

Orgullosísimos y contentos iban por los caminos el Caballero de la Triste Figura con su escudero. Comentaban la hazaña, las narices del escudero, que si era Tomé Cecial o no...

Los alcanzó entonces un hombre sobre una hermosa yegua.

Llevaba un gabán de fino paño verde y armas moriscas del mismo color. Tendría unos cincuenta años. Era gallardo y serio.

Se llamaba Diego Miranda. Era bastante rico y vivía feliz con su mujer y sus hijos. Se dedicaba a cazar, pescar y sobre todo leer.

Al compartir su afición a la lectura con don Quijote, invitó a este y a Sancho a ir a su casa, donde pasarían unos días tratados con mucha cortesía.

Pero antes, una nueva y asombrosa aventura le salió al paso a don Quijote.

Mientras los dos caballeros hablaban, Sancho había visto unos cabreros y fue a comprarles unos requesones.

De pronto, don Quijote vio venir por el camino un carro lleno de banderas reales y llamó a voces a su escudero para que le diera su casco.

Precisamente Sancho había guardado los requesones en el casco de don Quijote. Y al ponérselo este, los requesones empezaron a bajarle por el rostro y barbas. ¡Menudo susto! Creía que se le derretían los sesos.

Se limpió con un pañuelo el sudor y se quitó el casco para ver qué le enfriaba la cabeza. Así descubrió los requesones y rápidamente imaginó que era cosa de Sancho.

Pero él, sin inmutarse, le dijo que nada sabía del tema. ¡Que era otra vez cosa de los encantadores!

—Todo puede ser —aceptó don Quijote.

Llegaba ya a su altura el carro de las banderas. Traía dos enormes leones enjaulados que el general de Orán mandaba al Rey.

Don Quijote le dio el alto, pero el carretero le pidió que le dejara pasar. Tenía que darse prisa en llegar donde dieran de comer a los leones. Eran macho y hembra y estaban hambrientos.

Don Quijote, sonriéndose un poco, le dijo:

—¿Leoncitos a mí? ¿A mí leoncitos, y a tales horas? Abrid las jaulas, buen hombre, que en mitad de este campo les daré a conocer quién es don Quijote de la Mancha.

Todos intentaron convencerle de que era una locura. Pero don Quijote, impacientándose, amenazó al carretero:

—¡Bellaco, si no abres enseguida las jaulas, con esta lanza os he de coser con el carro!

El carretero, ante la amenaza, pidió que le dejara soltar las mulas y ponerse a salvo. Y lo mismo hicieron Sancho y el del Verde Gabán, corriendo lo más que podían.

La jaula del león macho quedó abierta. Don Quijote, a pie para que no se espantase Rocinante, se acercó al inmenso animal con el mayor valor del mundo.

El león, al ver la jaula abierta, se revolvió en ella. Abrió la boca —que dejó al descubierto dos palmos de lengua— y bostezó. Hecho esto, sacó la cabeza fuera de la jaula. Miró a todas partes con los ojos como brasas y, enseñando las partes traseras a don Quijote, se echó de nuevo en la jaula.

Don Quijote gritaba al carretero que le hiciera salir dándole palos, pero este replicó que, si lo hacía, lo despedazaría a él. El animal tenía la jaula abierta. Si no salía, es que rehusaba el combate. Así que el vencedor indiscutible era el caballero.

A don Quijote le pareció bien argumentado y dio por finalizada su batalla. Puso en la lanza su pañuelo y llamó a gritos a los que todavía seguían huyendo.

Regresaron todos a ver qué había pasado. Don Quijote mandó a Sancho que le diera dos monedas de oro al carretero por el tiempo que había perdido. Este, con el brillo del dinero, les contó la hazaña del caballero poniéndolo por las nubes, hablando de su valentía y de cómo había acobardado al león. Incluso prometió contarle al Rey la hazaña.

Don Quijote le dijo que, si le preguntaban quién lo había hecho, contestara que el Caballero de los Leones, porque en aquel momento cambiaba su nombre por ese.

Y por fin fueron a descansar unos días en casa de don Diego Miranda. ¡Bien ganado se tenía el reposo el valiente caballero!

Rosa Navarro Durán, El Quijote contado a los niños.
Colección clásicos contados a los niños. Editorial edebé, (fragmento).

ACTIVIDADES

13 ¿Quién es el Caballero de la Triste Figura?

14 14. Describe a don Diego Miranda. Explica:

- Cómo era físicamente.
- Qué edad tenía.
- Cómo vestía.
- Con quién vivía.
- A qué dedicaba su tiempo.
- Por qué buscaba a don Quijote.

15 Responde:

a. ¿Qué hizo Sancho mientras don Quijote hablaba con Diego Miranda?
b. ¿Por qué don Quijote creyó que se le derretían los sesos?
c. ¿Por qué Sancho dijo que no era culpa suya sino de los encantadores?
d. ¿Qué hizo don Quijote cuando supo lo que había en el carro de las banderas?
e. ¿Cómo terminó esta aventura?

16 Lee este poema y explica por qué el poeta usa la palabra «figura»:

POEMA DE DON QUIJOTE

Por la manchega llanura
se vuelve a ver la figura
de don Quijote pasar…

León Felipe, Vencidos, (fragmento).

LOS REFRANES DE SANCHO PANZA

«El que lee mucho
y anda mucho, ve mucho
y sabe mucho».

«No hay libro tan malo que
no tenga algo bueno».

«Mientras se gana algo
no se pierde nada».

«La buena y verdadera
amistad no puede ni debe ser
sospechosa de nada».

«Más vale una palabra a tiempo
que cien a destiempo».

«Donde una puerta se cierra,
otra se abre».

DEL LIBRO DE VIAJES DE SELENE Y CRONOS:

Regreso al presente

QUINTA ETAPA
De vuelta a casa

Después de hacer muchos amigos en el pasado, volvemos al presente, ¡estamos en casa otra vez!

En la **página 67** encontrarás un cuento sobre la Fiesta de las Linternas de China

Lee el poema del presente en la **página 79**

Aprende cómo hacer tu árbol genealógico en la **página 76**

Prepara la ensalada china de la **página 73**

La familia come paella en el jardín, léelo en la **página 80**

¡En casa otra vez!

—Don Quijote es muy divertido —dijo Cronos después de que Selene, Tempo y él se despidieron del caballero de La Mancha y de Sancho Panza.

—¡A mí me ha encantado Leonorcita! —dijo Selene.

—Y a mí, Tirante el Blanco, ¡su armadura es magnífica! —exclamó Tempo.

—¿Volvemos? —preguntó Cronos preocupado—. Mis abuelos irán a comer a casa, mi madre hará paella y si no estoy a tiempo, se enfadará. Además, tengo que hacer los deberes ya, o me olvidaré de todo lo que vimos.

—Volver al presente será tan fácil como viajar al pasado —lo tranquilizó Tempo.

—Sí, volvamos, mi madre también me espera para que la ayude a dibujar nuestro árbol genealógico, es el cumpleaños de mi bisabuela y quiere regalárselo.

—¿Tienes bisabuela? ¿De verdad? —preguntó Cronos con la boca abierta.

—Sí, y la quiero mucho —respondió Selene con una gran sonrisa—. A ver, un libro sobre el presente… aquí está. Un cuento de China con la fórmula para volver al presente. ¡Y enseña a preparar una buena ensalada china!

—Qué bien, ¡tengo hambre! —replicó Cronos.

—Apretamos el botón azul y… ¡otra vez en casa! —exclamó Selene y los tres amigos atravesaron nuevamente el tiempo para regresar al presente.

La fiesta de las linternas

Wang-chih vivía en una pequeña aldea con su mujer y sus hijos.

—Regresa temprano del arrozal para que podamos ir todos juntos a la procesión de la Fiesta de las Linternas —le dijo un día su esposa—. Y no olvides traer un poco de leña —le recordó.

—No te preocupes. Estaré aquí a la hora de la procesión.

El campesino trabajó con sus compañeros hasta el mediodía. Después subió al monte en busca de leña. Al hachar un tronco caído vio, cerca de allí, la entrada de una cueva.

—¡Qué extraño! Nunca la había visto antes —pensó, y entró llevado por la curiosidad.

¡Vaya sorpresa! En la penumbra, dos ancianos jugaban al ajedrez.

Wang-chih se acercó a observar la partida, cautivado. Los viejos seguían jugando, sin percatarse aparentemente de su presencia. Pero, al rato, uno de ellos cogió un cuenco lleno de ensalada y se lo ofreció. Wang-chih aceptó gustoso, porque estaba hambriento.

Comió lo que cabe entre dos palillos chinos y... se sintió satisfecho. ¡Como si se hubiese comido toda la ensalada de la fuente!

Y eso no fue lo más extraño: ¡las barbas de los ancianos comenzaron a crecer y crecer, hasta cubrir el suelo de la cueva!

—Mi barba nunca podrá crecer tan deprisa —dijo Wang-chih.

—Nuestras barbas no han crecido rápidamente —respondió uno de los viejos—. ¿Durante cuánto tiempo crees que has observado nuestra partida?

—Una media hora.

El otro ajedrecista sonrió y señaló la bandeja.

—A quien come de esa ensalada —dijo— le es igual media hora que medio siglo. Baja a tu aldea y mira lo que ha sucedido desde que tú la dejaste.

Wang-chih abandonó la cueva. Asombrado, vio que los campos donde había trabajado aparecían cubiertos de casas. ¡Y la aldea se había convertido en una gran ciudad!

La gente, en las calles, celebraba la Fiesta de las Linternas con faroles de mil colores.

—También las costumbres han cambiado —pensó Wang-chih— al ver que en la procesión marchaba una mujer con dos niños que llevaban un cuenco vacío.

—¿Por qué llevan ese cuenco vacío? —preguntó a una anciana.

—Es una tradición muy antigua —contestó la mujer—. Según mi abuela, cuando ella era joven, un campesino fue encantado por los magos de la montaña, el día de la Fiesta de las Linternas. Dejó a su mujer y a sus hijos con solo un puñado de arroz en la casa. Desde entonces, dos niños y una mujer marchan con un cuenco vacío para recordar a la gente que debe cuidarse de los magos.

Muy triste, Wang-chih regresó a la montaña. En la cueva encontró a los ancianos, que seguían jugando al ajedrez tranquilamente. Les contó lo que había visto y les pidió ayuda.

—Necesitas el Elixir de la Vida, que fabrica la Liebre de la Luna. Quien prueba ese elixir vive eternamente —dijo uno de los magos.

—No me interesa vivir eternamente —contestó Wang-chih—. Solo deseo volver con mi esposa y mis hijos.

—Pues... si prometes dejarnos jugar tranquilos, te daré la solución —respondió el otro anciano.

—Prometido.

—Tienes que beber una mezcla de Elixir de la Vida y agua del Dragón Celeste —explicó el viejo—. El Dragón vive en una cueva que está en una nube. Cuando sale de su cueva, unas veces lanza fuego por la boca y otras lanza agua. Si te acercas a él cuando lanza fuego, mueres; si te acercas cuando despide agua, no tienes más que llenar esta botella —dijo, dándole a Wang-chih una botellita.

—¿Y cómo puedo ir a una nube, o a la luna? —quiso saber Wang-chih.

Pero no acababa de preguntar cuando una gran cigüeña blanca apareció en la entrada de la cueva.

—Ahí tienes. Vete de una vez y déjanos jugar tranquilos.

Wang-chih montó en la cigüeña, que lo llevó hasta la nube del Dragón Celeste. La nube era dura como una roca, y el suelo estaba cubierto de hierba seca. De una caverna salían fortísimos ronquidos.

—Tengo que despertar al Dragón Celeste y hacerlo salir —se dijo el campesino—, pero con mucho cuidado: si lanza fuego por la boca, estoy perdido.

Wang-chih amontonó hierba seca junto a la entrada de la caverna y encendió fuego. Las llamas despertaron al Dragón, que salió arrojando agua por sus fauces. Wang-chih llenó la botellita, montó sobre la cigüeña y continuó su viaje hacia la luna.

No tardaron en llegar a la cabaña donde vivía la Liebre.

—Me envían unos ancianos que juegan...

—Ya lo sé... ya lo sé... El Elixir de la Vida —lo interrumpió la liebre—. Pasa, acércate a la ventana más grande de mi cabaña y mira hacia fuera.

Wang-chih obedeció y vio... ¡la misma gran ciudad que había visto cuando bajó de la montaña! La gente iba y venía, celebrando la Fiesta de las Linternas.

—Esa es la ventana del Presente —le explicó la Liebre—. Ahora acércate a la otra, que es la ventana del Pasado.

El campesino fue a mirar: vio su aldea, y a su mujer y a sus hijos, que lo esperaban impacientes con las linternas preparadas para la procesión.

—¡Son ellos! ¡Es mi familia! —exclamó Wang-chih.

—Ya lo sé... ya lo sé... —dijo la Liebre, mientras mezclaba el agua del Dragón Celeste con el Elixir de la Vida que había fabricado.

—Toma, bebe esto.

Wang-chih bebió y miró nuevamente por la ventana del Pasado, que se fue ensanchando... hasta que la aldea apareció muy cerca de allí.

—¡Es maravilloso! ¡No sé cómo agradecértelo! Gracias a ti...

—Ya lo sé... ya lo sé... No tienes nada que agradecer. Y ahora vete, si no quieres llegar tarde a la Fiesta de las Linternas.

Wang-chih corrió hacia su casa.

—¿Por qué has tardado tanto? —preguntaron sus hijos.

—Creo que... me he quedado dormido.

—¿Quieres comer un poco de ensalada antes de ir a la procesión? Debes de estar hambriento —dijo su esposa.

—¿Ensalada? No, gracias, hoy ya he comido bastante —respondió Wang-chih, recordando la ensalada mágica que le habían dado los ancianos de la cueva.

No sabía que su mujer le estaba ofreciendo una ensalada muy apetitosa, y sin magia, como la que ahora te enseñaré a preparar.

VAMOS A COCINAR ENSALADA CHINA

Para preparar esta ensalada casi mágica necesitas:

1 lechuga pequeña
50 gramos de zanahoria rallada
100 gramos de jamón York
2 huevos
1/2 paquete de algas transparentes
2 cucharadas soperas de salsa de soja
2 cucharadas soperas de aceite
sal y sésamo

1. Pon a remojar las algas en agua caliente unas dos horas antes.
2. Bate los dos huevos con una pizca de sal.
3. Pon unas gotas de aceite en una sartén y cuando esté caliente prepara una tortilla.
4. Cuando esté fría, córtala a tiras de un centímetro de ancho aproximadamente.
5. Corta, también a tiras, la lechuga bien lavada, el jamón y las algas bien escurridas.
6. Mezcla todos los ingredientes cortados y la zanahoria rallada en una ensaladera grande y condiméntalo con un poco de aceite, la salsa de soja y muy poca sal.

¡Intenta comértela con palillos chinos, como los magos de la montaña!

Cuento de China. *Jorge Zentner*,
Cuentos del cocinero. Editorial edebé, (fragmento).

ACTIVIDADES

1 Ordena según el cuento:

a. Wang-chih salió de la cueva y vio que estaba en el futuro.

b. La esposa de Wang-chih le pidió que trajera leña y regresara pronto para ir con sus hijos a la Fiesta de las Linternas.

c. Wang-chih hizo fuego delante de la cueva del Dragón Celeste.

d. Las barbas de los ancianos empezaron a crecer.

e. Wang-chih fue a buscar leña al monte y vio una cueva.

f. Wang-chih regresó a la cueva y pidió ayuda a los ancianos.

g. Al ver el fuego, el Dragón salió de su cueva y lanzó agua.

h. Se quedó a mirar la partida y comió la ensalada mágica de los ancianos.

i. La Liebre de la Luna hizo mirar a Wang-chih por la ventana del Presente y por la del Pasado, donde vio a su familia.

j. Wang-chih entró en la cueva y vio a dos ancianos jugando al ajedrez.

k. Wang-chih voló sobre una cigüeña hasta la nube del Dragón Celeste.

l. «Bebe el Elixir de Vida de la Liebre de la Luna, mezclado con agua del Dragón Celeste, el que lanza agua y fuego», dijo uno de los ancianos.

m. Wang-chih juntó agua en una botellita y siguió viaje hasta la luna.

n. Wang-chih miró por la ventana del Pasado, bebió el Elixir de Vida, mezclado con agua del Dragón Celeste, dio las gracias a la Liebre de la Luna y volvió con su familia.

PROVERBIOS Y CANTARES

IV

Nuestras horas son minutos
cuando esperamos saber,
y siglos cuando sabemos
lo que se puede aprender.

XLIV

Todo pasa y todo queda,
pero lo nuestro es pasar,
pasar haciendo caminos,
caminos sobre la mar.

XXIX

Caminante, son tus huellas
el camino, y nada más;
caminante, no hay camino,
se hace camino al andar.
Al andar se hace camino,
y al volver la vista atrás
se ve la senda que nunca
se ha de volver a pisar.
Caminante, no hay camino,
sino estelas en la mar.

Antonio Machado

¿QUÉ ES LA GENEALOGÍA?

Para entendernos, es el estudio de la historia de tu familia, la historia de las personas que formaron y forman parte de tu árbol genealógico. Esas personas tienen genes, y algunos han llegado hasta ti, lo cual explica que seas alto o que el color de tu pelo sea el que es. Pero buscamos más que nombres y fechas. Queremos averiguar cómo vivían nuestros antepasados, por qué lucharon y se esforzaron. Conociendo a nuestros antepasados, entenderemos mejor cómo hemos llegado donde estamos. Quizá también descubras historias fascinantes sobre tu pasado familiar. ¡Pueden salir a la luz toda clase de trapos sucios!

Transmisión oral

La GENEALOGÍA empieza en casa. Cualquiera que investigue su árbol familiar debería comenzar entrevistando a miembros de su familia. Lo mejor es empezar con los padres. Por muy increíble que parezca, en su día fueron jóvenes y serán un pozo de valiosa información. Cuando termines, tu siguiente objetivo deberían ser tus abuelos, o incluso tus bisabuelos, si tienes la suerte de que vivan. Ellos recordarán cómo eran tus padres a tu edad, algo que también te gustará saber.

Dan Wadell, ¿Quién crees que eres?
Editorial edebé, (fragmento).

Bisabuela
Bisabuelo
Bisabuela
Bisabuelo
Bisabuela
Bisabuelo
Abuelo Miguel
Abuelo Esteban
Abuela Alicia
Hermanos de papá
Mamá
Papá
tío Alberto
tía Isabel
yo
Mi hermana Laura

ACTIVIDADES

2 Busca en el diccionario:

genes - transmisión

3 Un árbol genealógico es:

a. El árbol más viejo de un jardín familiar.

b. Un cuadro descriptivo con los nombres de los miembros de una familia.

4 Según el texto, escoge un significado para la expresión «salir a la luz»:

a. Abrir la puerta por la mañana.

b. Descubrir, dar a conocer, mostrar.

5 ¿Qué quiere decir «un pozo de valiosa información»?:

a. Un sitio lleno de agua.

b. Algo o alguien con mucha información.

6 Prepara el árbol genealógico de tu familia. Sigue esta guía:

- Haz una lista de preguntas para entrevistar a los miembros de tu familia.
- Con los datos que consigas, haz una ficha para cada persona.
- Dibuja el árbol genealógico según el modelo de las páginas 76 y 77.

POEMA DEL PRESENTE

No cojas la cuchara con la mano izquierda.
No pongas los codos en la mesa.
Dobla bien la servilleta.
Eso, para empezar.

Extraiga la raíz cuadrada de tres mil trescientos trece.
¿Dónde está Tanganika? ¿Qué año nació Cervantes?
Le pondré un cero en conducta si habla con su compañero.
Eso, para seguir.

Gabriel Celaya, Biografía, (fragmento).

Paella de marisco en el jardín

En cuanto llamé al timbre de casa y mi padre me abrió la puerta percibí claramente el olor a paella de marisco. Mamá es una cocinera estupenda, lo dice toda la familia; lo que le sale mejor es la paella de marisco, el rape a la naranja y los macarrones gratinadas con atún.

Crucé el salón-comedor y salí al jardín. Papá había corrido el toldo y estaba preparando la mesa para comer allí fuera; a papá le gusta poner la mesa, lo hace metódicamente, cada vaso y cada plato y cada cubierto en el mismo sitio del día anterior. Si mamá o yo ponemos algo de distinta manera, él se acerca y lo coloca bien; mamá le dice a veces en broma que es un poco maniático y los dos nos reímos de él.

La abuela Consuela estaba en una tumbona tomando el sol en bañador.

—¿Qué tal el partido? —me preguntó al verme.

—Hemos ganado cinco a tres —respondí.

—¿Has marcado algún gol?

—Uno —cogí una aceituna rellena de encima de la mesa.

—¡Bien hecho! —exclamó.

Me senté en una silla junto a ella y le conté cómo había sido el gol. Cuando terminé le eché un vistazo al abuelo Tomás, que se encontraba en el otro extremo del jardín, sentado junto a la autocaravana en una de esas sillas plegables de tela y leyendo un libro con las pequeñas gafas tan en la punta de la nariz que parecía imposible que no se le cayeran al suelo. En ese momento levantó la cabeza, se dio cuenta de que lo estaba mirando y me saludó con la mano.

—¡¿Quieres saber algo interesante sobre el fútbol?! —gritó.

Me levanté, crucé el jardín hasta la autocaravana y, al llegar junto al abuelo, vi que ya me había preparado una silla igual que la suya.

—Siéntate y escucha —sonrió mirándome a través de los diminutos cristales de sus gafas—. Es sumamente interesante.

Me senté, no era la primera vez que le oía decir que algo era «sumamente interesante».

—¿Sabías que el fútbol lo inventaron los ingleses? —me preguntó.

—No.

—A principios del siglo XVIII —asintió—. ¿Qué te parece?

—Un siglo son cien años, ¿verdad? —dije.

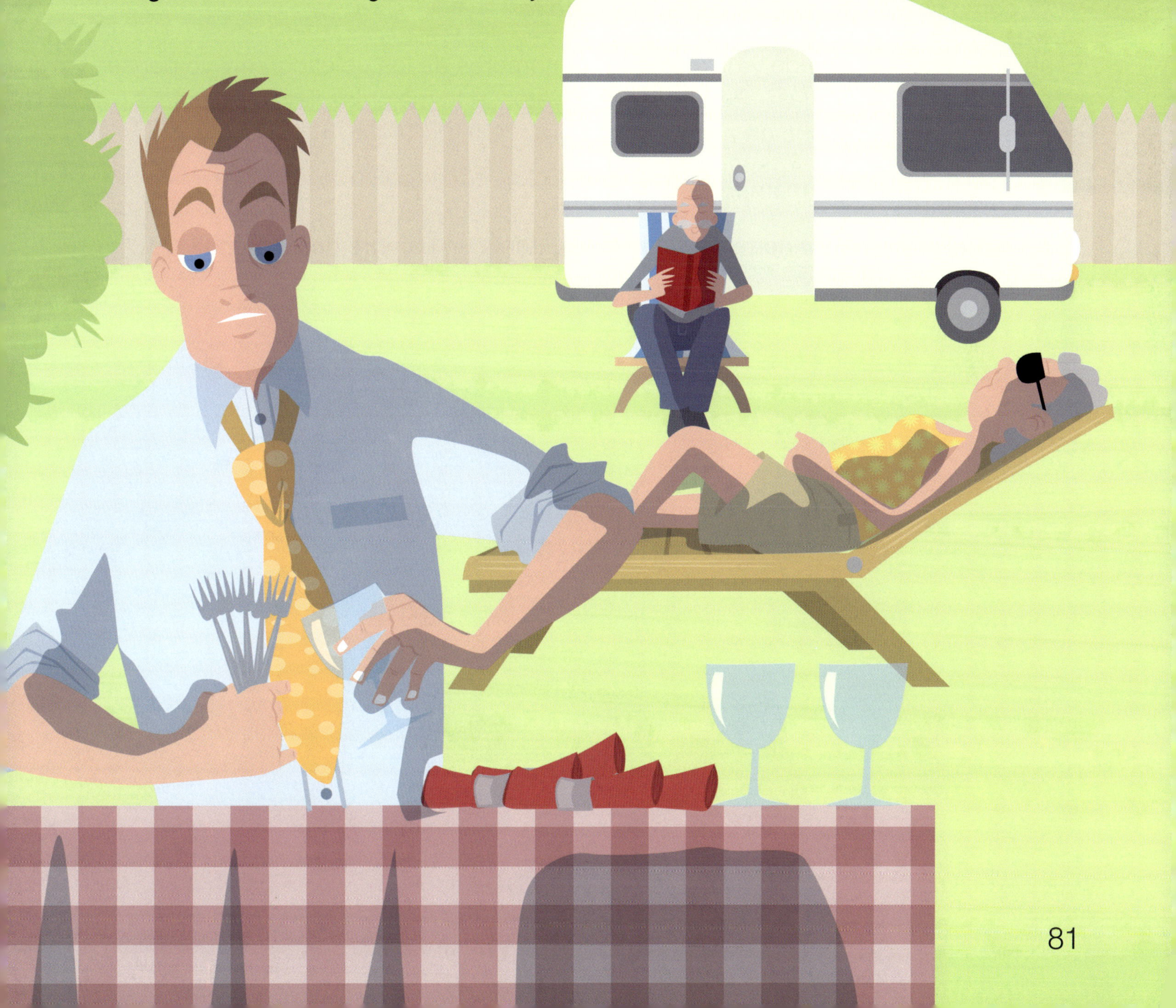

—Así es.

—Pues entonces se inventó hace trescientos años.

—Más o menos. Y aquí dice que el primer partido en España se jugó en 1890, en Sevilla.

—¿Y el primer mundial?

—En 1930.

—¿Y quién lo ganó?

—Uruguay.

—¿Y cómo se llaman los que marcaron los goles?

El abuelo continuó leyendo y diciéndome los nombres de los goleadores y yo pensé: «Se le van a caer las gafas». Pero no se le cayeron, a lo mejor las llevaba pegadas con pegamento y ninguno de nosotros lo sabía.

—¡A comer! —exclamó mamá.

Me puse de pie y eché a correr hacia la mesa, ¡tenía un hambre descomunal!

Durante la comida los abuelos nos contaron que tenían previsto hacer el viaje más largo de su vida.

—Queremos ir a Moscú —dijo la abuela.

—¡A Moscú! —exclamó mamá—. ¡Qué viaje más bonito!

Miré a papá, estaba concentrado en el arroz del plato.

—Dicen que la plaza Roja es sumamente interesante —comentó el abuelo.

—Ponte bien las gafas, Tomás Nomás —lo avisó la abuela—, que se te van a caer en el arroz.

El abuelo se subió las gafas, pero enseguida volvieron a deslizársele hasta la punta de la nariz; estaba claro que no las llevaba sujetas con pegamento.

—¿Y cuándo os marcharéis? —preguntó mamá.

—Dentro de un mes, supongo —respondió la abuela después de dar un sorbo a su copa de vino—. Primero tenemos que arreglar unos cuantos papeles, hablar con la embajada española en Moscú, renovar los pasaportes..., esas cosas.

—A mí me gustaría ir a Moscú —dije.

—Y a mí a Marte, no te digo —intervino papá sin levantar la mirada del plato.

—Hijo —le dijo la abuela a papá—, cada día estás más antipático.

—Será por el calor de julio —respondió él.

—¿Se puede saber qué te pasa? —le preguntó la abuela.

—Nada, mamá. Es solo que estoy un poco preocupado. Eso es todo.

—No tienes por qué preocuparte. Tu padre y yo somos felices viajando. ¿Qué preferirías?, ¿que nos pasáramos el día en el ambulatorio o paseando por el parque?

—Quizá sería más propio de vuestra edad —admitió él.

La abuela se echó a reír.

—¡Por el amor de Dios, Erni! —exclamó; parecía divertirle ver a papá de aquella forma—. ¡Hablas como un viejo! ¡Pareces más viejo que nosotros!

—Tiene cuarenta años —dije.

—Pues parece que tenga el doble —rió la abuela—. De hecho, parece que sea nuestro padre.

Carlos Peramo, El mundial de fútbol más raro del mundo. Colección Tucán. Editorial edebé (fragmento).

DEL LIBRO DE VIAJES DE SELENE Y CRONOS:

Los caminos del espacio

SEXTA ETAPA
El futuro

Estrellas, naves espaciales de verdad y de ficción, robots y el sistema solar, ¡esta parte del viaje fue muy divertida!

¿Qué es la ciencia ficción? Descúbrelo en la **página 104**

Encuentra información sobre los robots en la **página 90** y diviértete con la historia de Sam en la **página 91**

ACTIVIDADES

7 El niño habla con su abuela:

a. De los mundiales de fútbol.

b. Del partido que acaba de jugar.

c. De algo «sumamente interesante».

8 El abuelo le explica al niño:

a. Que está muy contento porque su nieto ha marcado un gol.

b. Que él y la abuela se van de viaje a Moscú.

c. Algo interesante sobre el fútbol.

9 Explica el significado de esta oración:

«Quizá sería más propio de vuestra edad».

10 Responde:

a. ¿En qué época del año ocurre esta historia?

b. ¿De qué trata?

c. ¿Quiénes forman esta familia?

d. ¿Qué ha estado haciendo el niño antes de ir a su casa?

e. ¿De qué se habla durante la comida?

f. ¿Por qué está preocupado el padre del niño?

Aprende un poco más sobre las estrellas en la **página 97** y descubre el «Misterio de las voces del espacio» en la **página 98**

¿Existen los extraterrestres? Averígualo en la **página 105**

El viaje al futuro

El siguiente fin de semana, Selene y Cronos se encontraron otra vez en el jardín de su edificio. Tempo, que se había quedado a vivir entre los juguetes de Cronos, propuso viajar al futuro.

—Leí en el periódico que han enviado una nave con robots para estudiar las estrellas. Y como tardarán años en llegar, podríamos adelantarnos y averiguar qué descubren —dijo el reloj de arena.

—¡Bien! —exclamó Cronos—. Yo quiero saber cómo son los robots.

—Pues como Tempo, ¿no? —dijo Selene.

—No, yo no soy un robot, soy un autómata —respondió Tempo.

—¿Y que diferencia hay? —preguntó la niña.

—Que yo soy algo así como el abuelo de un robot —explicó Tempo—, y solo tengo un mecanismo para moverme. En cambio, un robot se mueve, está programado para hacer una serie de actividades y puede aprender a hacer otras.

—¡Pues vamos a buscar robots y naves que nos lleven a las estrellas! —dijo Cronos.

—¡Y ovnis extraterrestres! —exclamó Tempo.

—Vale, pero volveremos pronto porque tengo muchos deberes —aclaró Selene, antes de tocar el botón azul de su tableta para entrar en el futuro a través de un poema.

POEMAS SOBRE EL FUTURO

Te llaman porvenir
porque no vienes nunca.
Te llaman: porvenir,
y esperan que tú llegues
como un animal manso
a comer en su mano.
Pero tú permaneces
más allá de las horas,
agazapado no se sabe dónde.

Ángel González, Porvenir, (fragmento).

Estampilla y juguete

El relojito de dulce
se me deshace en la lumbre.

Reloj que me señalaba
una constante mañana.

Azúcar, rosa y papel…
(¡Dios mío, todo mi ayer!).

En la cresta de la llama.
(¡Señor, todo mi mañana!).

Federico García Lorca

ROBOTS EN EL ESPACIO

Las primeras personas que estudiaron el universo lo hicieron como tú, mirando directamente el cielo. En aquel tiempo todavía no existían los aparatos que tenemos ahora. El primero que se inventó fue el telescopio, que servía para mirar los objetos que estaban muy lejos. Poco a poco se empezaron a pensar otros sistemas para estudiar el universo: radiotelescopios, telescopios que viajan por el espacio, naves tripuladas, satélites que dan vueltas al planeta, sondas espaciales que graban todo «lo que ven» y «oyen». Todos estos robots son dirigidos desde la Tierra. Con ellos vamos explorando el pequeño rincón de universo en el que vivimos.

La ciencia nos habla del… Universo. Editorial edebé, (fragmento).

ACTIVIDADES

1. Explica para qué se utiliza un telescopio.
2. Enumera los sistemas con los que podemos estudiar el universo.
3. ¿Por qué se envían robots al espacio?

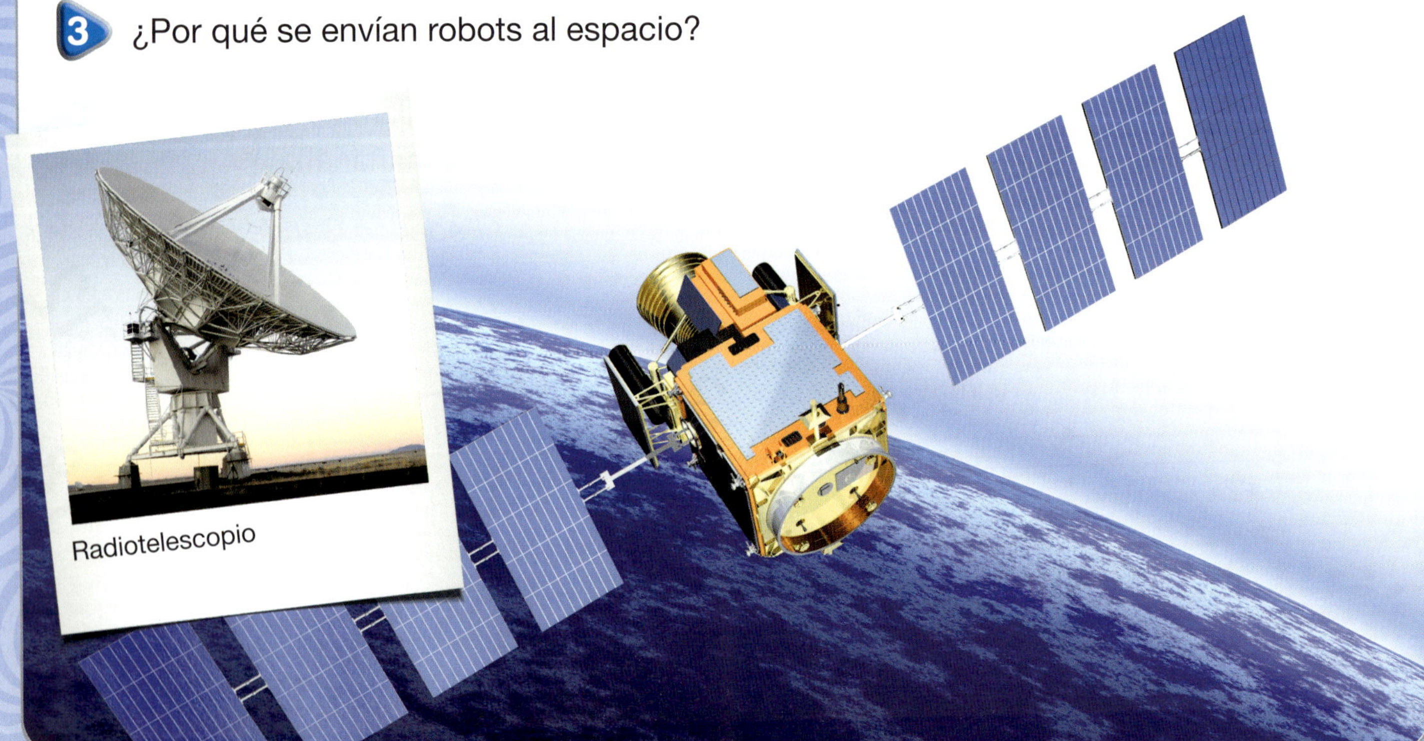

Radiotelescopio

El tesoro de Sam

Esta es una historia que transcurre —transcurrirá— en el futuro: cuando los seres humanos hayamos terminado de merendarnos este pastel maravilloso que es la Tierra, y en ella no quede un solo rincón donde puedan crecer los sueños.

Entonces, el hombre tendrá que volver su mirada hacia las anchuras infinitas del cielo. Aunque ya sepa que no va a encontrar plata en la Luna, ni diamantes en Venus, ni rubíes en el rojo planeta Marte, el espacio nunca dejará de ofrecerle la magia de lo desconocido.

Por muy lejos que vaya, siempre habrá un más allá: la posibilidad de que, justo en la próxima estrella, esté esperando aquello con que cada uno soñaba...

[...]

—¡En marcha, Iks! ¡Tengo ganas de volver a la aventura!

—Aventura, aventura..., sí, sí. Di mejor que de nuevo lo has perdido todo —protestaba el llamado Iks.

No era una persona: solo un pequeño robot que Sam había comprado con la nave, también a precio de ganga, porque nadie utilizaba ya un modelo tan primitivo. Lo arregló como supo —en cuanto Iks se movía, todas sus tuercas chirriaban de una manera que recordaba a los antiguos grillos—, y lo programó a partir

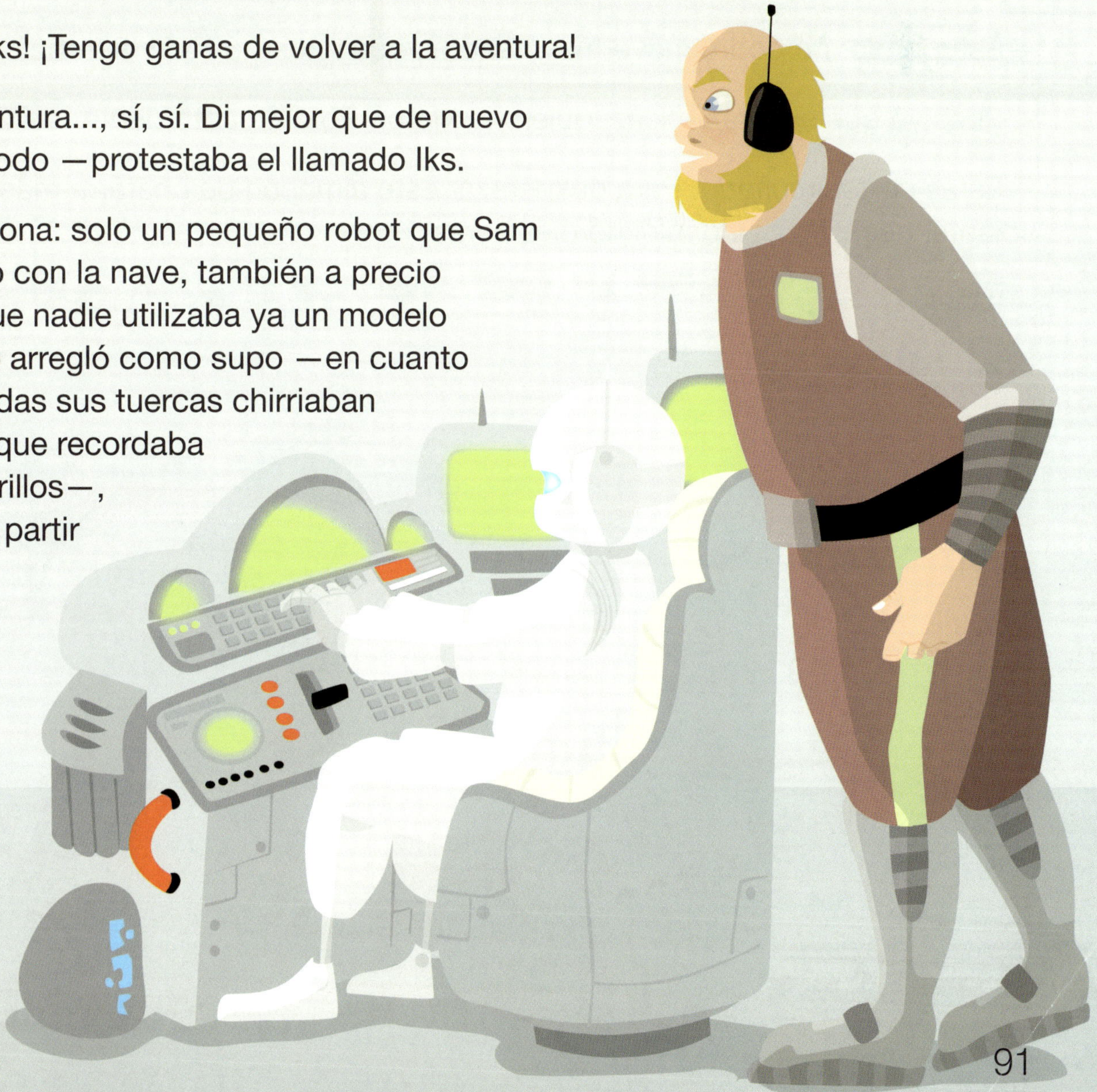

de sus propios conocimientos, que, salvo en lo referente a trampas y marrullerías, nunca habían sido muy amplios.

Como resultado, Iks no poseía el lenguaje, los modales ni la ética del *perfecto robot*; habría sido inútil preguntarle los ríos de Asia, los faraones de cualquier dinastía o el teorema de Pitágoras. En cambio, podía decir de carrerilla los ganadores de la liga mundial de fútbol, el precio de la langosta sintética —obtenida a partir de neumáticos de coches fuera de uso— o las veintisiete maneras de burlar a la policía espacial para pasar de contrabando cualquier mercancía.

—¿Listo para el despegue, antigualla?

—Hago lo que puedo, vejestorio.

El lenguaje de hombre y robot se parecía bastante.

—¡Cafetera respondona! ¡Voy a dejarte un mes sin aceite!

—Estupendo: no podré moverme y tendrás que hacer tú todo el trabajo, para variar.

—Pues ya que eres tan eficaz, quiero la Marco Polo a punto dentro de diez minutos.

—Estás *cortocircuitado*. Para desperezar este almacén de chatarra más o menos volante, necesito como mínimo diez horas.

—¡Una!

—Cinco.

—¡Vago, perezoso, gandul!

—Viejo chiflado.

La voz metálica de Iks no le permitía demostrar ninguna emoción; tampoco tenía cara con la que gesticular, sino solo unos sensores electrónicos en el lugar de los ojos, y un pequeño altavoz redondo que, como no necesitaba comer, le servía de boca.

Antes o después, la nave Marco Polo quedaba dispuesta para lanzarse hacia una nueva aventura, con Sam, su comandante, instalado en una cabina de mandos que era a la vez dormitorio, cocina y almacén general, e incluso habría sido cuarto de baño si Sam no lo considerase innecesario...

—¡Ignición! —ordenaba, con su tono de voz más autoritario.

Tras algunos intentos, una llamarada tímida brotaba, por fin, del sistema impulsor.

—¡¡Aaarriba!!

Y la Marco Polo subía, obediente; claro que, en algún momento, parecía dudar: giraba sobre sí misma, trazando largas curvas, y daba la sensación de ir a desplomarse...

Sam contenía la respiración; no se oía chirriar ni una sola tuerca de Iks.

—Vamos, amiga —animaba en voz muy baja el viejo aventurero—, has conseguido mil veces burlar a este planeta egoísta y escapar de la fuerza con que intenta retenernos pegados a él... ¡No le dejes ganar ahora!

Nunca se sabría si era su propio impulso o la decidida voluntad del piloto lo que permitía a la destartalada nave espacial liberarse de la atracción terrestre.

Un panorama infinito, de negrura perfecta, se abría, entonces, ante ella. Más bellas que todas las piedras preciosas, las estrellas brillaban siempre; tantas eran, que nadie sabría, ni en toda una vida, calcular su número; tan lejanas que, para medir sus distancias, el ser humano necesitaba emplear la velocidad de la luz (sabiendo que tarda un segundo en llegar a la Luna, y al siguiente está de vuelta).

María Teresa Aretzaga, El tesoro de Sam.
Colección Tucán. Editorial edebé, (fragmento).

ACTIVIDADES

4 Escoge la respuesta adecuada:

La velocidad de la luz es:

a. Una medida para saber a qué distancia están las estrellas.

b. Un sistema para contar cuántas estrellas hay.

5 Indica cuál de estas oraciones es falsa:

a. La Marco Polo era una nave espacial último modelo.

b. Sam usaba la cabina de la Marco Polo como dormitorio, cocina y almacén.

c. Marco Polo es el nombre de la nave de Sam.

6 Describe al robot Iks. Explica:

- Cómo era su aspecto.
- Cómo hablaba.
- Cuáles eran sus modales.
- Qué sabía.

¡A REÍR!

LA ROBOT ROBOTINA

La robot Robotina,
es una robot muy fina,
ya trabaja en la cocina,
guisa y asa,
juega con los niños,
limpia la casa.

Robotina no sabe coser,
no sabe saltar,
le gusta leer
y andar hacia atrás.

Sus ojitos, dos tornillos azules,
su boca, una rendija roja,
dos embudos sus orejas,
y dos cepillos sus cejas,
calva y con casco.

Su cuerpo un tonel de hierro
(sin ombligo y sin trasero).

Gloria Fuertes, (fragmento).

EL INFINITO... ¡Y MÁS ALLÁ!

Si miras el cielo en una noche oscura y sin nubes lo verás lleno de pequeños puntitos brillantes. Parece que están colgados en el cielo, ¿verdad? Cada uno de estos puntos son enormes estrellas que se encuentran muy lejos de nosotros, a una distancia tan increíblemente grande que, si pudieras viajar tan rápido como un rayo de luz, tardarías algunos años en llegar. Y algunas están tan lejos que no podríamos llegar a ellas en toda una vida, ni en dos, ¡ni en un millar! Nuestras naves espaciales son terriblemente lentas comparadas con la luz, así que ¡tendremos que esperar algún descubrimiento fantástico para poderlas visitar algún día!

La ciencia nos habla del... Universo. Editorial edebé, (fragmento).

Galaxia espiral

ACTIVIDADES

7 Responde:

a. ¿Por qué vemos a las estrellas tan pequeñitas?

b. ¿Podemos viajar a las estrellas?

c. ¿Te gustaría visitar alguna estrella? ¿Por qué?

El misterio de las voces del espacio

El ruso Yuri Tardowski, el norteamericano Fred Carpenter y el chino Ts'ai Lun se hicieron muy amigos tripulando naves espaciales durante más de veinte años. Ya no lo hacían, pero se reunían una vez al año en El Corzo Gris para cenar y recordar sus aventuras. Como la aventura que contó Yuri Tardowski y que le ocurrió viajando hacia la órbita del planeta Urano, a bordo de la Kosmos VIII, la nave rusa más perfecta de su época. Él era el comandante y todo iba bien hasta que Gogol, el oficial de telecomunicaciones, lo despertó porque el radar había captado algo imposible: voces humanas. Yuri pensó que Gogol estaba enfermo y preguntó, algo enfadado, qué tenía de raro oír voces humanas.

—Esas voces, o lo que sean, no vienen de ninguna de las bases o estaciones orbitales que están en nuestro radio. Vienen de más cerca, de un lugar donde no hay presencia humana.

—Eso es totalmente imposible.

—Ya se lo he dicho. ¿Quiere comprobarlo ahora por sí mismo?

Salté de la litera. Quise creer que Gogol se había equivocado en la apreciación de las distancias. Pero era muy poco probable: dominaba el instrumental como nadie.

Momentos después estábamos ante la pantalla del radar de alta sensibilidad. Gogol accionó el dispositivo de percepción exterior y le dio 30 grados de amplificación a la señal.

Escuché con toda mi atención sin quitar ojo de la pantalla.

Gogol me miraba como si esperase que yo lo sacara de un tremendo error. No se oía nada. Lo miré interrogativamente.

—Hay que aguardar —dijo—. Las voces no se oyen continuamente, sino de vez en cuando.

La espera no fue mucha. Al poco tiempo se oyó un sonido grave, acompañado de un extraño eco. A pesar de que las palabras de Gogol me habían preparado, sentí un escalofrío. Aquel sonido tenía una semejanza muy grande con una voz humana, pero resultaba imposible entender qué decía. Parecía repetir una misma cosa una y otra vez.

—¿Pudo oír antes más claramente? —le pregunté a Gogol.

—No. Más o menos como ahora.

Escuché de nuevo, con un cierto temblor dentro de mí. Me pareció entonces descubrir algo más. Por eso le pregunté a Gogol:

—Si esto es una voz humana que habla, dígame, ¿en qué lengua diría usted que lo está haciendo?

358

—En ruso.

Su respuesta confirmaba mi apreciación. Aquellos sonidos tenían una musicalidad que recordaba el habla rusa.

La voz enmudeció de pronto.

Gogol aumentó hasta el máximo la potencia receptora de nuestras antenas exteriores. Solo recogió ruidos parasitarios. De la voz no quedaba ni un eco.

Había una cuestión de suma importancia acerca de la que Gogol no me lo había aclarado todo. Le pregunté:

—¿De dónde viene la voz? ¿Tiene bien localizado su origen?

—Sí, pero ahora va a creerme menos todavía que antes.

—Ahora ya estoy dispuesto a creerlo todo.

—Viene exactamente de allí —dijo, señalando a través del visor panorámico.

Me negué a dar crédito a lo que decía. Gogol había indicado el planetoide XRT-54, cerca de cuyo campo de gravedad estábamos. Recordé que en las cartas de navegación se le daba el nombre de Kropos. Un cuerpo celeste de mediano tamaño, muerto, nunca explorado, que se encontraba en una posición solitaria en el espacio.

Resultaba inverosímil que de Kropos pudiera salir voz alguna. Era un mundo olvidado, sin interés, despreciado por los navegantes.

Aquella situación era el caso más extraño que había encontrado en mi vida en el espacio.

Repentinamente, el sonido-voz se oyó de nuevo. En esta nueva ocasión pudimos casi entender qué palabra pronunciaba.

Nos pareció que repetía una y otra vez

VOLVER..., VOLVER..., VOLVER...

Me fijé atentamente en los cuadrantes de control. Por imposible que pareciese, Gogol tenía razón. Aquella voz procedía de Kropos.

Ya no había duda, estábamos ante un fenómeno insólito.

En aquella situación podíamos hacer dos cosas: olvidar los sonidos y continuar nuestra ruta sin variación alguna o, por el contrario, investigar.

Mi elección era clara: quería hacer lo segundo. Pero para ello tenía que solicitar autorización a nuestra base de mando. Incluso, dado lo anormal de aquel caso, podía ser necesaria una consulta a la Tierra.

Sin decir nada todavía a los otros tripulantes, que en su mayoría estaban descansando, transmití el parte a nuestra Dirección de Operaciones, que estaba en la Estación Orbital de Venus.

Perplejos, nos pidieron que repitiéramos el mensaje. Gogol lo hizo, varias veces. Creo que pensaron que habíamos sufrido una alucinación. Al fin, nuestra sobria insistencia pareció convencerlos.

Como esperaba, el director de la Estación Orbital dijo que tenía que consultar con el mando de Moscú. La respuesta definitiva tardaría algunas horas.

Pasamos aquel tiempo ante el radar. Queríamos comprobar de nuevo que las voces sonaban realmente.

Joan Manuel Gisbert, Historias secretas del espacio. Colección Tucán. Editorial edebé, (fragmento).

ACTIVIDADES

8 Elige un significado para esta oración:

«Estábamos ante un fenómeno insólito».

a. Mirábamos algo muy divertido.

b. Era algo que no había pasado nunca.

c. Aquella situación se repetía todos los años.

9 Responde:

a. ¿Quiénes son los personajes principales de la historia que cuenta el astronauta Yuri Tardowski?

b. ¿Por qué era tan extraño oír voces humanas en aquel lugar del espacio?

c. ¿Qué decidió hacer el comandante Tardowski?

d. ¿A quién crees que pertenecían las voces que se oían a bordo de la Kosmos VIII?

10 Si quisieras conocer el final de esta historia, ¿qué harías?

¡ADIVINA O SE TE OLVIDA!

Una dama muy hermosa
con un vestido de plata,
siempre cambiando de cara,
siempre brillando en el agua.

Siempre quietas,
siempre inquietas,
durmiendo de día,
de noche despiertas.

Dicen que soy rey, y no tengo reino;
dicen que soy rubio, y no tengo pelo;
afirman que ando, y no me meneo;
relojes arreglo, sin ser relojero.

CIENCIA FICCIÓN

Cuando se rueda una película de ciencia ficción, se crea un mundo imaginario, ubicado mucho más allá de los límites de la ciencia y la tecnología. Uno se puede inventar todo tipo de lugares futuristas en los cuales los personajes viajan en naves espaciales, exploran la vida en otros planetas y hablan con criaturas como robots y alienígenas. Muchos personajes de ciencia ficción desafían la gravedad, usan la teletransportación para desplazarse de un lugar a otro o se comunican por telepatía. La ciencia ficción permite viajar a través del tiempo, hacia el pasado o hacia el futuro.

Tim Grabham, Se rueda.
Editorial edebé, (fragmento).

ACTIVIDADES

11 Escoge la respuesta adecuada:

La ciencia ficción es:

a. La parte de la ciencia que trata de los últimos inventos.

b. Un género de películas y libros que se basa en historias inventadas.

12 Busca dos nombres de películas de ciencia ficción:

http://www.umbella.com/heinlein/cine/educacion/grandestemas_ciencia_ficcion.htm

13 Pide este libro en la biblioteca y empieza a pensar en tu propia película.

Tonterías

Esto es lo que diría mi padre si le contara que he visto un ovni: «Tonterías».

Esto es lo que diría mi madre: «Tonterías». Esto es lo que diría mi abuelo: «Tonterías».

Esto es lo que diría mi profesor de Geografía: «Tonterías».

Y esto es lo que le dije yo a Óscar cuando me contó que había visto un ovni en el jardín de su casa a las doce de la noche: «Tonterías».

—Era un ovni azul, y muy pequeño, y daba vueltas encima del árbol grande que hay en mi jardín —dijo Óscar.

Yo no tengo un árbol grande ni un jardín en mi casa y además a las diez como muy tarde mi padre me dice que me vaya a la cama, y más si al día siguiente tengo un examen de Geografía. Óscar podía ser un mentiroso tan grande como un estadio de fútbol o simplemente podía ser el orejotas con más suerte de la Tierra.

—Estuvo más de cinco minutos dando vueltas sobre el árbol y después se marchó —dijo.

—¿Y ya está? —dije yo.

—¿Te parece poco? Lo tuve delante de mis narices —dijo él.

—¿Y cómo sabes que era un ovni?

—Era un ovni porque normalmente en mi jardín no hay cosas azules volando por encima de los árboles.

Cuanto más hablaba Óscar, menos le creía. Esa es la verdad.

Pero de pronto empecé a pensar que no hay nada peor que ser como todos esos mayores que si algo no les parece muy lógico y muy cuadriculado y no les gusta y no les apetece que les molesten, enseguida dicen que es cosa de niños y te mandan a la cama sin hacerte ni caso.

Óscar es mi mejor amigo. Óscar había visto un ovni.

Óscar me lo había contado a mí. ¿Por qué iba a engañarme?

Algunas veces ocurren cosas así. Algunas veces las cosas no tienen lógica y ya está.

—¿Y qué más pasó? —le pregunté a Óscar.

—¿Cómo? —dijo él.

—Sí, ya me entiendes, cuando apareció el ovni... Se fue la luz de la casa, o la televisión se encendió sola de repente, o las cosas empezaron a moverse, o algo extraño...

—No.

—¿No qué?

—Que no pasó nada extraño. El ovni estaba allí arriba y yo lo miraba. Y nada más.

—¿Pero nada de nada?

—Qué quieres que te diga... Era un ovni azul. Eso es todo.

Si algún día veo un ovni y todo fuera tan normal y no ocurriera nada raro, yo creo que me lo inventaría.

Le dije a Óscar que tenía que irme y que ya seguiríamos hablando. Estábamos en la puerta del colegio y yo tenía que ir a mi clase de yudo.

[...]

El jardín de Óscar no parece un jardín, parece una huerta llena de lechugas y tomates y cosas de esas que luego te comes en la ensalada, pero Óscar lo llama jardín.

Óscar había pedido permiso a sus padres para invitarme a dormir en su casa y así poder ver juntos el ovni o lo que fuera, aunque del ovni no había dicho nada a sus padres. Yo le había pedido permiso a Óscar para invitar también al gordo Guillermo a su casa. Y además el gordo Guillermo me había pedido permiso a mí para traer a su hermana, porque ese día sus padres iban a salir por la noche y, si no venía ella, él tampoco podía salir de casa.

Así que al final éramos cuatro.

La hermana de Guillermo resulta que es su hermana gemela, aunque no se parecen en nada, pero en nada de nada, y también está en el colegio en la misma clase que nosotros, pero yo casi nunca he hablado con ella porque no sé qué decirle.

La hermana de Guillermo se llama Belén y es una de esas chicas verdaderamente guapas con el pelo muy negro y muy largo y con los ojos muy grandes y muy abiertos, pero que te pueden llegar a poner muy nervioso y se pueden pasar el día haciendo preguntas, y si tú le preguntas algo ella te responde con otra pregunta.

—¿Tú crees que existen los ovnis? —dije yo.

—¿Y tú? —respondió ella.

—Yo no estoy seguro... —dije.

—Pues yo he visto uno —dijo Óscar.

—¿Y cómo sabes que era un ovni? —dijo Belén.

—Porque era como una gran luz azul que iba por encima de los árboles y se paró justo ahí, en mi jardín, delante de mis narices —dijo Óscar.

—¿Y no podía ser un helicóptero? —dijo Belén.

—¿Te crees que no sé distinguir un helicóptero de un ovni? —dijo Óscar.

—No lo sé. ¿Cuántos ovnis has visto hasta ahora? —dijo ella.

Allí estábamos los cuatro, en la ventana de Óscar, esperando un ovni y respondiendo a las preguntas de Belén.

El gordo Guillermo era el único que no decía nada. Hasta que de pronto, después de dos horas sin abrir la boca, dijo:

—Tengo hambre.

Belén dijo que a ella no le importaba quedarse en la ventana de guardia por si acaso ocurría algo.

Yo creo que eso de hacer guardia en el jardín de Óscar era una tontería. Lo que pasa es que ya he dicho que Belén es capaz de decir cualquier cosa con tal de ponerte nervioso.

—¿No te importaría quedarte conmigo, Claudio?

—¿Yo?

Me dijo que le daba miedo quedarse sola y me cogió de la mano, y Óscar y Guillermo se fueron a la cocina a comer algo y yo me quedé allí solo con Belén, y empecé a ponerme un poco nervioso, como cuando tienes que tirar un penalti y si no lo metes pierdes el partido y todo el mundo espera que lo tires tú y además esperan que lo metas.

A veces un segundo puede parecer una hora. A veces un segundo dura tanto que no cabe en un reloj, ni siquiera en uno de esos relojes de pared enormes que mi padre tiene en su despacho.

—¿Tienes novia? —me preguntó Belén de repente.

—¿Novia?

Lo pensé un momento y dije:

—No, ahora mismo no.

—¿Pero has tenido novia alguna vez en tu vida?

—¿Novia?

Lo pensé otra vez y dije:

—Creo que no.

Belén se rió. No se rió mucho, pero se rió.

Pensé que tenía que hacer algo. Ella seguía agarrándome de la mano. Si mi hermano mayor hubiera estado en mi lugar, seguro que habría sabido qué hacer.

Los dos mirábamos ahora al cielo y yo también la miraba a ella de reojo y estaba deseando que ocurriera algo, porque no sabía qué hacer ni qué decir. Pensé: «Ojalá aparezca un ovni o dos millones de ovnis o lo que sea».

Roberto Santiago, El último Sordo.
Colección Tucán. Editorial edebé (fragmento).

ACTIVIDADES

14 Explica quién cuenta esta historia.

15 Responde:

a. ¿En qué lugares ocurre esta historia?

b. ¿Cómo era el ovni?

c. ¿Por qué el protagonista no cree que Óscar ha visto un ovni?

d. ¿Y por qué luego decide creer a Óscar?

e. ¿Quiénes se quedan a esperar el ovni?

f. ¿Quiénes creen en los ovnis?

g. ¿Por qué empezó a ponerse nervioso el protagonista?

h. ¿Crees que existen los ovnis? ¿Te gustaría ver alguno?

16 Busca en esta página la definición de ovni:

http://es.wikipedia.org/wiki/Objeto_volador_no_identificado

Arriba, imagen de la nave espacial de ciencia ficción, Enterprise. Derecha, una nave real: el transbordador espacial despegando para una misión.

DEL LIBRO DE VIAJES DE SELENE Y CRONOS:

La magia y el arte, más allá del tiempo

SÉPTIMA ETAPA

¡Perdimos la tableta misteriosa!

Y también nosotros nos perdimos. Nos asustamos un poco, pero conocimos al Duende de las Horas y a otros seres mágicos como brujas, genios y hadas, que nos ayudaron.

En la **página 116** encontrarás la historia de la princesa Tabana Koga

OCTAVA ETAPA
¡A casa!

Y para regresar
a nuestro tiempo, tuvimos
que conocer a poetas,
pintores, escritores
y músicos, pero al final,
¡lo conseguimos!
Volvimos a casa.

¡Fuimos a la ópera!

Tamino y Papageno
de «La Flauta Mágica» te
esperan en la **página 138**

Lee en la **página 120**
la historia del *tengu* azul
y el *tengu* rojo

«El ave del amancer»
cuenta por qué es tan
importante saber leer,
busca la **página 146**

Descubre por qué a
Manrique le gustaba estar
solo en la **página 128**

¿Dónde estamos?

Selene, Cronos y Tempo se despidieron de sus amigos del futuro y se prepararon para regresar a casa. Buscaron en la tableta un libro adecuado, apretaron el botón azul y… se encontraron en mitad de un bosque misterioso, a la hora de la salida de la luna.

—¿Dónde estamos? —preguntó Cronos.

—No lo sé —respondió Selene—. ¡He perdido mi tableta!

—¿Cómo regresaremos a casa? —preguntó Cronos un poco asustado.

—A lo mejor la tableta se perdió entre las estrellas —dijo Tempo.

—¡Pues no podremos volver! ¡Y no sabemos dónde estamos! —exclamó Selene.

—No deberíais gritar —dijo una voz detrás de ellos–. Atraeréis a los espíritus curiosos.

Los tres amigos se giraron para ver quién hablaba y descubrieron a un personaje tan alto como los niños, pero muy, muy viejo. Llevaba un gran sombrero terminado en un reloj de cuco y en su ropa había un montón de números que no paraban de moverse.

—¿Quién eres? —preguntó Cronos— mirando cómo se movían aquellos números.

—El Duende de las Horas —dijo el personaje acercándose lentamente.

—¿Dónde estamos? ¿Como se sale de aquí? ¿Nos ayudarás? —preguntó Selene.

—Habéis caído fuera del tiempo. Estáis en el mundo de la magia y de las artes —contestó el Duende de las Horas mirando a los niños.

—¡Qué interesante! —dijo Tempo—. Y supongo que aquí también hay autómatas.

—Nosotros queríamos regresar a casa, Tempo —protestó Selene—. Y lo peor es que perdimos la tableta. Duende,

¿tú sabes cómo podemos ir a casa?

—No podéis. Cuando se cae fuera del tiempo, todo cambia, y un día vale diez y mil minutos solo uno, y solo se oye el tic-tac de la imaginación, la magia, el arte y…

—Vale —dijo Selene—. ¿Y ahora qué hacemos?

—Disfrutar del mundo más maravilloso que existe —respondió el Duende de las Horas con una gran sonrisa, mientras daba cuerda al reloj de su bastón.

—Yo quiero ir a casa —dijo Cronos a punto de llorar.

—Si tanto deseáis salir de aquí, tendréis que pedir ayuda a los Señores de la Magia…

—¿A quiénes? —preguntaron los tres amigos.

—A las hadas, las brujas y los genios. Y si queréis que os ayuden, deberéis escucharlos, porque si no, desaparecerán… Y seguiréis aquí.

—Entonces, ¿las brujas existen? —[illegible]tó Cronos que se había olvidado de llorar.

—Querido niño, el mundo no podría funcionar sin ellas —respondió el Duende.

—¿Y luego? —insistió Selene.

—Luego deberéis hablar con los Creadores: poetas, pintores, músicos, escritores… Yo os acompañaré a ver a la princesa Tabana Koga, es una bruja muy poderosa. Después, tendréis que seguir solos. Yo debo ocuparme de mis relojes.

—¿Y hacia dónde seguiremos? —preguntaron los tres amigos a la vez.

—Tabana Koga os lo dirá, vamos —dijo el Duende y se dirigió al interior del bosque.

La princesa Tabana Koga

Misciak Alip alardeaba de ser el más listo y despabilado de allí a Samarkanda.

Un día, en el mercado, lo oyó un sirviente del kan, el rey de los tártaros, y se lo explicó a su señor. El kan no tardó en llamarlo a su presencia.

—Ya que eres tan listo —le dijo—, te ordeno que me traigas a la princesa Tabana Koga.

Tabana Koga era una princesa de una belleza excepcional, más bonita que el amanecer y que la primavera, pero practicaba la brujería. Y Misciak Alip empezó a arrepentirse de su imprudencia.

—¡Oh! ¡Oh! —se lamentaba—. La princesa Tabana Koga me embrujará. ¡Oh! ¡Oh!

Entonces, dio la casualidad de que, en aquel momento, pasaba por allí un pájaro gigante llamado Oh, quien, al oír su nombre, se plantó delante de Misciak Alip.

—¡Soy yo, Oh! He oído que me llamabas. ¿Qué quieres de mí?

Misciak Alip no se lo pensó dos veces. Se puede decir que aprovechó la ocasión al vuelo.

—Querría que me llevaras al castillo de la princesa Tabana Koga.

El pájaro transportó a Misciak Alip, en un abrir y cerrar de ojos, ante la princesa Tabana Koga, que se peinaba sus cabellos de oro mientras cantaba:

He sabido que Misciak
de ser muy listo ha alardeado:
más le habría valido
haberse quedado callado.

Y acto seguido la princesa se recogió los cabellos dorados en un gran lazo y se convirtió en un pez. Saltó por una ventana y fue a parar al lago.

Misciak Alip la siguió, se transformó en un lucio, atrapó a la princesa y la llevó de vuelta al castillo.

La princesa empezó de nuevo a peinarse y a cantar:

He sabido que Misciak
de ser muy listo ha alardeado:
más le habría valido
haberse quedado callado.

Y se transformó en un pajarillo que emprendió el vuelo.

Misciak se transformó en gavilán. Siguió a la princesa, la cogió con cuidado entre sus zarpas y... De vuelta al castillo.

Por tercera vez la princesa se peinó, se recogió los cabellos, cantó su canción y se transformó, esta vez, en un puñado de granos de centeno, que se desperdigaron por el suelo. Entonces Misciak Alip se transformó en un pollito, que empezó a comerse todos los granos menos uno. Era el grano donde estaba la princesa. Esta recobró su apariencia, se peinó sus cabellos de oro y cantó:

He sabido que Misciak
de ser muy listo ha alardeado:
quizá sí estaba escrito
que conmigo acabaría casado.

Así pues, Misciak Alip llevó a la princesa Tabana Koga ante el kan y, sin perder tiempo, le rogó que le dejara casarse con ella. El kan, viendo que era un chico realmente listo y que ella estaba de acuerdo con el enlace, dio el consentimiento.

La celebración de la boda duró siete días y siete noches, y todavía hay quien la recuerda. Dicen que es de esta fiesta de donde proviene aquella canción tan antigua:

Tres poemas cayeron del cielo estrellado:
uno para quien el cuento ha solicitado,
otro para quien el cuento ha narrado
y otro para quien el cuento ha escuchado.

Cuento de Siberia. *Albert Jané*, La vuelta al mundo en ochenta cuentos.
Editorial edebé, (fragmento).

ACTIVIDADES

1 Responde:

a. ¿Por qué el kan quiso hablar con Misciak Alip?

b. ¿Cómo era la princesa Tabana Koga?

c. ¿De qué tenía miedo Misciak Alip?

d. ¿Quién ayudó a Misciak Alip?

2 Combina el número con la letra que le corresponde.

1 La primera vez, Tabana Koga se convirtió en un	a gavilán.
2 Para atraparla, Misciak Alip se transformó en un	b pajarillo.
3 La segunda vez, la princesa Tabana Koga se convirtió en un	c granos de centeno.
4 Misciak Alip la siguió transformándose en un	d pollito.
5 La tercera vez, Tabana Koga se convirtió en	e lucio.
6 Misciak Alip se transformó en un	f pez.

3 Busca en esta dirección dónde está la ciudad de Samarkanda:

http://es.wikipedia.org/wiki/Samarcanda

Madrasa Sherdar, en la plaza Registan, Samarkanda

El *tengu* azul y el *tengu* rojo

Una vez, hace mucho tiempo, en la cima de una alta montaña vivían un *tengu* azul y un *tengu* rojo que eran los mejores amigos del mundo. Como cualquier otro *tengu*, tenían alas, una larga nariz y poseían poderes mágicos.

Un día, estaban los dos amigos sentados en una roca y observaban a las personas que vivían en la ladera de la montaña. Normalmente, era una de sus distracciones preferidas, pero aquel día el *tengu* rojo parecía malhumorado.

—Hace quinientos años que vivimos en la cima de esta montaña —dijo por fin— y, ¡ya ves!, siempre hacemos lo mismo, no hemos cambiado nada. Mira a las personas que viven allá abajo. Cambian continuamente.

—Claro —repuso el *tengu* azul—. El mundo cambia porque los hombres se pasan la vida peleándose. Parece que no saben hacer otra cosa. Construyen una bonita ciudad y no se les ocurre nada mejor que enzarzarse en una guerra y entonces la destruyen. ¡Y vuelta a empezar para hacer lo mismo!

—Tienes razón —aceptó el *tengu* rojo después de reflexionar un rato—. Debe de ser que las peleas consiguen hacer la vida interesante. ¡Tenemos que pelearnos!

—¿Peleamos? ¿Nosotros?

—Sí. Llevamos quinientos años aquí y no nos hemos peleado nunca. Por eso nuestra vida es tan aburrida.

—¡Pero nosotros somos amigos!

—¡Ya no lo somos! Si nos convertimos en enemigos, cambiaremos las cosas. Si no, no progresaremos nunca.

—No lo sé —repuso el *tengu* azul—. A mí me parece que las cosas están bien como están. No encuentro mucho sentido a lo que dices, pero si te empeñas...

Decidieron que, a partir de aquel día, cada uno viviría en una parte de la montaña y no se dirigirían la palabra porque habían dejado de ser amigos.

El *tengu* azul se aburría mucho en su lado de la montaña. No le gustaba jugar solo y no tenía nada que hacer ni a nadie con quien hablar. La única distracción que le quedaba era observar la actividad de las personas en el valle.

En una ocasión, poco después de que el samurái que gobernaba aquella comarca hubiera construido un castillo al pie de la montaña, el *tengu* azul vio una cosa que brillaba al sol.

—Voy a estirar la nariz hasta el patio del castillo para oler qué es. ¡Nariz, crece! —ordenó.

Los *tengu* pueden hacer crecer su nariz tanto como deseen. Así pues, al pronunciar estas palabras, la nariz del *tengu* azul empezó a crecer para llegar desde la cima de la montaña hasta el patio del castillo.

Aquel día, las doncellas de la hija del samurái habían sacado los kimonos de seda al patio para airearlos. Algunos de los kimonos estaban bordados con hilos de oro y eso era lo que el *tengu* había visto brillar a la luz del sol.

—Hemos sacado tantos vestidos que no hay bastantes cañas de bambú para colgarlos —observó una de las doncellas.

No bien había acabado de decirlo, la nariz del *tengu* apareció en el patio.

—¡Mira! ¡Aquí hay una! —dijo otra de las doncellas—. Es muy larga. El resto de los vestidos cabe en ella.

—¿Qué pasa? —dijo el *tengu* al notar un gran peso en la punta de su nariz—. Será mejor que recoja mi nariz, a ver qué es. ¡Nariz, encógete!

Las doncellas que estaban en el patio no podían creer lo que veían. Los vestidos que acababan de colgar desaparecían en el aire, colgados en lo que creían una caña de bambú.

—¡Los kimonos! ¡Los kimonos!

Así fue como el *tengu* azul consiguió un montón de bonitos kimonos de seda Se los probó todos, uno tras otro, y se paseó por la cima de la montaña, pasándolo en grande. Una tarde, mientras paseaba con uno de los vestidos y se paraba a ratos a bailar y a cantar, asomó por ahí el *tengu* rojo para enterarse de lo que sucedía.

—¿No ves que pareces un fantoche? —le dijo, muerto de envidia porque se divertía.

—iHola! iMira qué bonitos kimonos he conseguido solo con alargar mi nariz hasta el patio del castillo! Escoge los que más te gusten.

—¡Menuda estupidez! No quisiera que me vieran vestido con semejantes ropas —se dio la vuelta y se marchó a su lado de la montaña, moviendo la cabeza en señal de desaprobación.

Ahora más que nunca pensaba que el *tengu* azul había dejado de ser su amigo. ¡Qué se había creído! Se sentó a pensar y decidió que él también debía conseguir algunos kimonos u otra cosa interesante y divertida. Se colocó en una roca desde la que podía observar el patio del castillo y dijo:

—¡Nariz, crece!

En aquel momento el patio del castillo estaba lleno de soldados del samurái practicando con las espadas, que brillaban al sol. De repente, todos los soldados se detuvieron al observar una cosa larga y roja que avanzaba por el patio.

—¿Qué es esto? —preguntó uno de ellos.

—¡No lo toques! Podría ser un arma secreta de los enemigos —dijo otro.

—¡Cortadlo! —gritó el capitán.

Y los soldados corrieron a cortarlo con las espadas levantadas.

El pobre *tengu* rojo sintió un dolor terrible en la punta de su nariz. La retiró lo más deprisa que pudo y vio con gran disgusto que tenía la punta rebanada.

Poco después, el *tengu* azul pasó por allí y lo vio tendido sobre una roca, quejándose.

—¿Qué le ha pasado a tu nariz? —preguntó cuando el otro levantó la cabeza.

—¡Nada! ¡Déjame en paz!

—¡Estás herido! ¡Déjame curarte! —insistió el *tengu* azul procurando que su voz sonara suave y compasiva.

Al oír estas palabras amables de su viejo amigo, el *tengu* rojo no pudo contener las lágrimas.

—¡Me duele mucho! ¡Ayúdame! —suplicó.

—¡No es nada, no es nada! —lo consoló el *tengu* azul—. ¡Voy a vendarte la herida enseguida! Se curará pronto, ya verás. ¿Sabes qué vamos a hacer? Todavía guardo la mitad de los kimonos para ti. Más tarde, cuando ya no te duela, nos los probaremos y pasearemos y bailaremos y cantaremos por la cima de nuestra montaña.

A partir de aquel día, ya no volvieron a pelearse jamás y siguieron siendo los mejores amigos del mundo.

Anna Gasol y *Teresa Blanch*, Cuentos japoneses. Editorial edebé, (fragmento).

ACTIVIDADES

Niña con kimono

4 Describe a los *tengu*. Sigue esta guía:

- Cómo eran físicamente.
- Cuántos años vivían.
- Qué poderes mágicos tenían.
- Qué hacían.

5 Cuál de estas oraciones es falsa:

a. El *tengu* rojo se aburría.

b. El *tengu* rojo quería que todo siguiera igual.

c. El *tengu* rojo quería que su vida cambiara.

6 Responde:

a. ¿Por qué el *tengu* azul no quería pelearse con el *tengu* rojo?

b. ¿Cómo consiguió los kimonos el *tengu* azul?

c. ¿Qué hizo el *tengu* rojo cuando vio los kimonos?

d. ¿Qué le ocurrió al *tengu* rojo cuando hizo crecer su nariz?

e. ¿Cuál es el final de este cuento?

7 Busca en esta dirección información sobre los *tengu*.

http://es.wikipedia.org/wiki/Tengu

Puerta *torii*, Japón

Máscara *tengu*

POEMA DE UNA PRINCESA Y SU HADA MADRINA

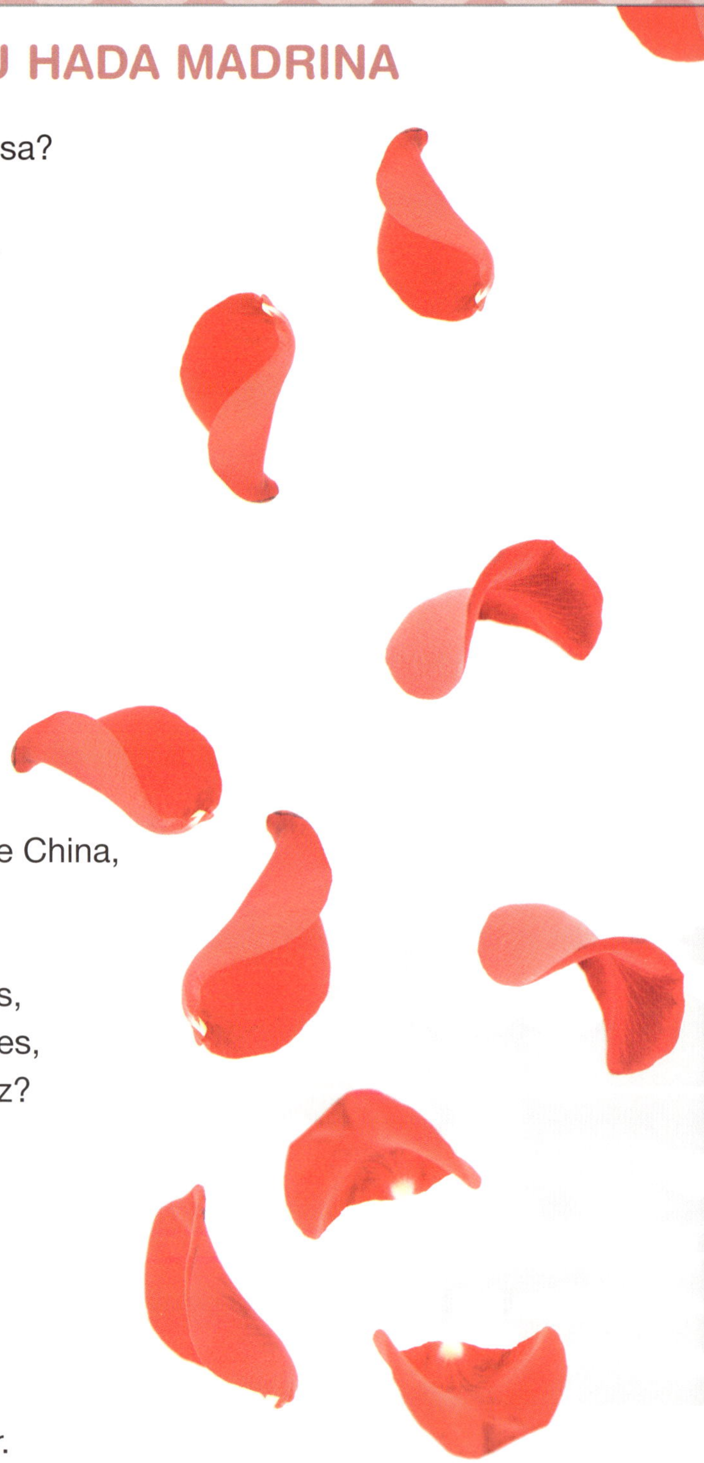

La princesa está triste..., ¿qué tendrá la princesa?
Los suspiros se escapan de su boca de fresa,
que ha perdido la risa, que ha perdido el color.
La princesa está pálida en su silla de oro,
está mudo el teclado de su clave sonoro;
y en un vaso olvidada se desmaya una flor.

El jardín puebla el triunfo de los pavos reales.
Parlanchina, la dueña dice cosas banales,
y vestido de rojo, piruetea el bufón.
La princesa no ríe, la princesa no siente;
la princesa persigue por el cielo de Oriente
la libélula vaga de una vaga ilusión.

¿Piensa acaso en el príncipe de Golconda o de China,
en el que ha detenido su carroza argentina
para ver de sus ojos la dulzura de luz?
¿O en el rey de las Islas de las Rosas fragantes,
o en el que es soberano de los claros diamantes,
o en el dueño orgulloso de las perlas de Ormuz?

¡Ay! La pobre princesa de la boca de rosa
quiere ser golondrina, quiere ser mariposa,
tener alas ligeras, bajo el cielo volar;
ir al sol por la escala luminosa de un rayo,
saludar a los lirios con los versos de mayo,
o perderse en el viento sobre el trueno del mar.

Ya no quiere el palacio, ni la rueca de plata,
ni el halcón encantado, ni el bufón escarlata,
ni los cisnes unánimes en el lago de azur.
Y están tristes las flores por la flor de la corte;
los jazmines de Oriente, los nelumbos del norte,
de Occidente las dalias y las rosas del sur.

¡Pobrecita princesa de los ojos azules!
Está presa en sus oros, está presa en sus tules,
en la jaula de mármol del palacio real;
el palacio soberbio que vigilan los guardas,
que custodian cien negros con sus cien alabardas,
un lebrel que no duerme y un dragón colosal.

¡Oh quién fuera hipsipila que dejó la crisálida!
(La princesa está triste. La princesa está pálida).
¡Oh visión adorada de oro, rosa y marfil!
¡Quién volara a la tierra donde un príncipe existe
(la princesa está pálida, la princesa está triste),
más brillante que el alba, más hermoso que abril!

—¡Calla, calla, princesa —dice el hada madrina—,
en caballo con alas, hacia acá se encamina,
en el cinto la espada y en la mano el azor,
el feliz caballero que te adora sin verte,
y que llega de lejos, vencedor de la Muerte,
a encenderte los labios con su beso de amor!

Rubén Darío, Sonatina

El rayo de luna

Manrique era un noble. Había nacido en medio del estruendo de las armas, de tal forma que una trompa de guerra no le hubiera hecho levantar la cabeza ni apartar un instante los ojos del pergamino en que leía la última cantiga de un trovador.

Nunca estaba con los demás. No había que buscarle en el patio de su castillo, donde los palafreneros domaban los potros, los pajes enseñaban a volar a los halcones y los soldados se entretenían los días de descanso en afilar el hierro de su lanza en una piedra.

A veces, su madre preguntaba a los pajes:

—¿Dónde está Manrique? ¿Dónde está vuestro señor?

—No lo sabemos —respondían ellos—. Estará tal vez en el claustro del monasterio de la Peña, sentado junto a una tumba, por si oye hablar a los muertos. O quizá en el puente, mirando correr las olas del río por debajo de sus arcos. Y si no, puede estar acurrucado en el hueco de una roca contando las estrellas o viendo cómo avanza por el cielo una nube o mirando las estrellas fugaces que lo cruzan como una exhalación. Puede estar en cualquier parte, pero donde no haya nadie.

En efecto, Manrique iba siempre donde estuviera solo. Decían que le molestaba incluso su sombra, porque le seguía a todas partes.

Manrique era en el fondo un poeta. En esos lugares solitarios, él se imaginaba que había un mundo fantástico. Creía que en la chimenea, entre los trozos de leña al rojo vivo, vivían espíritus de fuego de mil colores, que corrían como si fueran insectos de oro por los troncos, o que bailaban en forma de chispas encima de las llamas. Se pasaba las horas muertas sentado en una banqueta junto a la gran chimenea, inmóvil, con los ojos fijos en la lumbre.

Creía que en el fondo del río, entre los musgos de la fuente y sobre los vapores del lago, vivían las ondinas, unas mujeres misteriosas. Y le parecía oír sus suspiros, sus lamentos, o sus risas y sus cantos en medio del rumor del agua, rumor que escuchaba con toda su atención y en silencio, intentando separar de él esas voces de las ondinas.

En las nubes, en el aire, en el fondo de los bosques, en las grietas de las peñas, en todas partes, creía ver formas misteriosas y le parecía escuchar sonidos extraños, palabras que no podía entender.

Se había pasado una noche entera mirando la luna, que flotaba en el cielo entre un vapor de plata, o a las estrellas, que temblaban a lo lejos, brillando como las piedras preciosas. Y en aquellas largas noches en que las contemplaba, se decía: «Si es verdad que esos puntos de luz que hay en el cielo son otros mundos, ¡qué mujeres tan bellas debe de haber allí, en esos lugares luminosos! ¡Y yo no puedo verlas! ¿Cómo deben de ser?»

Rosa Navarro Durán, Leyendas de Bécquer contadas a los niños. Colección clásicos contados a los niños. Editorial edebé, (fragmento).

ACTIVIDADES

8 Busca en el diccionario:

noble - trompa - pergamino - cantiga - palafrenero

9 Elige un significado para esta oración:

«Manrique había nacido en medio del estruendo de las armas, de tal forma que una trompa de guerra no le hubiera hecho levantar la cabeza».

a. Manrique no estaba acostumbrado al ruido.

b. Manrique estaba acostumbrado al ruido.

c. A Manrique le gustaba llevar armas.

d. Manrique no quería ir a la guerra.

10 Responde:

a. ¿Por qué le gustaba estar solo a Manrique?

b. ¿Cómo pasaba sus horas?

c. ¿En qué creía Manrique?

d. ¿Qué le hubiera gustado ver?

11 Lee este poema. ¿A Manrique le gustaría? ¿Por qué?

LA CANCIÓN DEL TROVADOR

Tal como unicornio soy
que se espanta viendo
que la doncella lo mira.
Está tan trabado por el miedo
que cae desvanecido en su regazo;
entonces lo matan a traición.

Y a mí me han matado de forma semejante
el amor y mi dama, en verdad:
tienen mi corazón, no lo puedo rescatar.

Teobaldo I de Navarra,
Tal como unicornio soy, (fragmento).

POEMAS DE PINTORES

Versos sencillos XIV

Sé de un pintor atrevido
que sale a pintar contento
sobre la tela del viento
y la espuma del olvido.

Yo sé de un pintor gigante,
el de divinos colores,
puesto a pintarle las flores
a una corbeta mercante.

Yo sé de un pobre pintor
que mira el agua al pintar,
—el agua ronca del mar—,
con un entrañable amor.

XL

Pinta mi amigo el pintor
sus angelones dorados,
en nubes arrodillados,
con soles alrededor.

Pínteme con sus pinceles
los angelitos medrosos
que me trajeron, piadosos,
sus dos ramos de claveles.

José Martí

Serafín, el escritor y la bruja

31 de octubre. Noche de brujas

Serafín no tenía muchos amigos. Dos meses atrás sus padres habían decidido mudarse a las afueras de la ciudad y todavía no había encontrado su lugar.

Era el menor de seis hermanos, y había nacido doce años después del que lo precedía, o sea, cuando nadie lo esperaba. Vivía con su padre, Gustavo Iraola, su madre, Ana Inés, y Mimí, la criada y una de sus pocas amigas. Hacía tiempo que sus hermanos se habían marchado a estudiar en lejanas universidades prestigiosas.

A Serafín lo que más le gustaba en el mundo era leer cuentos de brujas. Tenía una colección completa en su biblioteca.

—...«La bruja descubrió todo y se puso furiosa» —leía en voz alta, recostado en su cama—. «Cortó las trenzas de Rapunzel y se llevó a la niña al desierto. Allí la dejó sola, para que muriera de hambre». ¡Qué bruja malísima!

Desde la calle llegaban voces de niños, risas y cantos. Serafín fue hacia la ventana a ver de qué se trataba. Eran Axel Quintana y otros de sus nuevos compañeros de colegio. Axel había organizado una fiesta de brujas en su casa. Llevaban puestos disfraces y máscaras. El traje más llamativo era el de Axel. Cuando los niños descubrieron a Serafín empezaron a burlarse de él. Serafín trató de esconderse para que no lo vieran.

—¡Eh, Serafín! ¿Te dan miedo las brujas? —gritó Axel.

Las burlas aumentaron. Serafín se sentó en el suelo de su cuarto, de espaldas a la ventana. Se sentía mal, pero no sabía qué hacer. Poco a poco las risas se fueron alejando. Serafín trepó a la ventana con sigilo y, después de comprobar que los niños se habían marchado, se sintió aliviado. Una pequeña estrella asomaba en el cielo. Le atrajo su brillo: nunca había visto una estrella que brillara con tanta magia. Cuanto más la miraba, más brillaba. Pensó que aquel brillo especial se debería a algún extraño efecto atmosférico. Pero se equivocaba. Amanda Amancay bien sabía que se equivocaba.

Amanda Amancay era una bruja muy particular, tan particular que hasta era buena. Vivía con su hermanastra Lucrecia, que era una bruja con todas las letras. Y con Tío Alberto, que era un gato, pero que no lo era (Tío Alberto era un tatara, tatara, tatara, tataratío de Lucrecia y Amanda, convertido en gato por una bruja que había muerto en la hoguera en el siglo XV sin revelar el antídoto). Esa noche, noche de brujas, Amanda estaba junto a la ventana acariciando a Tío Alberto mientras Lucrecia le trenzaba el pelo. Amanda miraba la misma estrella que miraba Serafín.

—Alguien está mirando esa estrella, Lucrecia.

—¿Ah, sí? —contestó Lucrecia sin mostrar interés.

—Sí, mamá siempre decía...

—«Tu» mamá, querrás decir —corrigió Lucrecia.

—Bueno, está bien. Mi mamá siempre decía que, cuando una estrella brilla de ese modo, es porque varias miradas la miran al mismo tiempo. Y esas miradas, tarde o temprano, se encuentran. ¿No te parece romántico?

—¡¿Romántico?! —exclamó Lucrecia, burlona—. No solo eso, me parece importantísimo para el futuro de la brujería, para la Nueva Declaración de Principios del Sindicato de Brujas, para el Aquelarre anual... ¡Importantísimo!

Lucrecia terminó la trenza de su hermana y fue hacia la mesa de paño verde a terminar su solitario. Chasqueó los dedos; las cartas se barajaron solas y se acomodaron, listas para que Lucrecia empezara otra vez.

—Si no cambias, Amanda —le advirtió—, vas a ser una bruja tan poco trascendente como tu madre.

A Amanda le dolió el comentario, pero no se atrevió a contestarle. Fue al ropero. Tomó su capa, su sombrero negro y la bolsa donde llevaba sus objetos mágicos.

—¡Amanda, yo a tu edad era una bruja muy prestigiosa! Había convertido príncipes en sapos, había embrujado palacios, encantado ciudades... ¡Los tuyos siempre son trabajos menores!

Las hermanas se miraron un instante sin decir una palabra. Lucrecia volvió a su solitario. Amanda, todavía triste, se puso la capa, el sombrero, y se acomodó el lunar sobre la punta de su nariz.

—Nos vemos, Lucrecia —le dijo Amanda casi sin mirarla—. Tengo un trabajo en la biblioteca de la calle Chiclana...

No bien Amanda pronunció la palabra «Chiclana», se le llenó la cara con un estornudo fenomenal. Lucrecia, como pudo, se lanzó sobre las cartas para protegerlas del ventarrón. Amanda estornudó estrepitosamente y al instante se cruzó de piernas. Es que a Amanda las palabras con «cha», «che», «chi», «cho» y «chu» la hacen estornudar y, si estornuda y no cruza las piernas…, se hace pis. Todo un trastorno.

Amanda salió. Tío Alberto corrió tras ella, pero la puerta se cerró antes de que pudiera seguirla.

Sin embargo, Serafín y Amanda no fueron los únicos que contemplaron esa estrella aquella noche. Felipe Echenique también lo hizo.

Felipe era el escritor de biografías más importante del país, tanto que el gobernador quería que le escribiera la suya. Había firmado un contrato con la editorial del padre de Axel Quintana que lo obligaba a escribir una biografía por trimestre.

El pobre Felipe se sentía frustrado, a pesar del éxito de sus libros. Cuando era niño soñaba con escribir cuentos de sangre y terror. Su verdadera pasión eran las historias de brujas, fantasmas y zombis. Pero terminó escribiendo biografías, y a los cuarenta y tres años estaba harto.

La noche lo sorprendió mirando a través de la ventana de su escritorio, mientras saboreaba un Chupa-Chups, su único vicio. La estrella de Serafín y Amanda lo encandiló con su brillo, y la miró.

Y a partir de allí fueron tres los que la miraron; tres que, como decía la madre de Amanda, tarde o temprano se encontrarían.

Claudia Piñeiro, Serafín, el escritor y la bruja.
Colección Tucán. Editorial edebé, (fragmento).

ACTIVIDADES

12 Responde:

a. ¿Qué es lo que más le gustaba a Serafín?

b. ¿Por qué se sentía mal Serafín?

c. ¿Qué era Amanda Amancay?

d. ¿Por qué estaba triste Amanda?

e. ¿Qué hacía Felipe Echenique?

f. ¿Por qué se sentía frustrado?

13 Serafín, Amanda y Felipe tienen algo en común, ¿qué es?

14 Serafín y Felipe comparten una pasión, ¿cuál es?

15 ¿Te gustaría saber si se encuentran Serafín, Amanda y Felipe? ¿Cómo puedes averiguarlo?

16 Lee esta receta. ¿De qué trata?

LA POCIÓN DEL DÍA

¡Tener memoria de elefante, acordarse de todo y no olvidar nada, resulta asombroso! Para conseguirlo, se necesita una poción muy elaborada. Tranquilos, es muy sencillo. Encontraréis los ingredientes fácilmente. Vamos a ver, para empezar coged una ensaladera y verted… ¿Qué era?… ¡Glups! ¡Lo he olvidado!

Marc Cantin, ¡La suerte está echada!
Editorial edebé, (fragmento).

La flauta mágica

PRIMER ACTO - Escena 1

Un terreno rocoso, con pocos árboles y montañas a ambos lados. En el centro hay un templo. Tamino baja de una roca. Lleva un arco, sin flechas, en una mano. Un dragón lo persigue.

Tamino.— ¡Socorro! ¡Ayuda! Me persigue un dragón y está muy acerca. ¡Salvadme!

(Tamino se desmaya. La puerta del templo se abre y salen tres damas con la cara cubierta por un velo y con una lanza de plata cada una. Se acercan al dragón y luchan con él).

Las tres damas.— ¡Muere, monstruo! (*las tres damas hieren al dragón*) ¡Victoria! ¡Victoria! ¡Hemos vencido al dragón gracias al valor de nuestros brazos! ¡Y hemos liberado a este joven!

(Las tres damas regresan al templo. Tamino se levanta).

Tamino.— ¿Dónde estoy? ¿Sigo vivo? El dragón… ¡muerto! ¿Y qué está sonando?

Escena 2

Papageno desciende por un sendero. Lleva sobre la espalda una gran jaula con muchos pájaros. Baja cantando y tocando una flauta.

Papageno.— Soy el pajarero y siempre estoy contento, tra la la. Por todo el país me conocen, contento y feliz toco mi flauta, atraigo a las aves y todas son mías, tra la la.

Tamino.— ¡Eh! ¡Allí!

Papageno.— ¿Qué pasa?

Tamino.— Dime, amigo, ¿quién eres?

Papageno.— ¿Quién soy? (vaya pregunta más tonta). Un hombre, como tú. ¿Y si yo te preguntara a ti quién eres, qué?

Tamino.— Te respondería que vengo de una familia de príncipes.

Papageno.— Demasiado alto para mí.

Tamino.— Mi padre gobierna muchos países y muchos pueblos. Y yo, soy un príncipe.

Papageno.— ¿Príncipe? ¿Hay otros países y otros pueblos detrás de las montañas?

Tamino.— ¡Hay miles! Por cierto, ¿cómo se llama esta tierra? ¿Quién la gobierna?

Papageno.— Yo no te puedo contestar, ya que ni sé cómo he venido a este mundo.

Tamino.— ¿No sabes cuándo has nacido ni quiénes son tus padres?

Papageno.— Yo solo sé que aquí cerca está mi choza y que ella me protege del frío y de la lluvia.

Tamino.— Pero, ¿de qué vives?

Papageno.— De comer y de beber.

Tamino.— ¿Y qué haces para conseguirlo?

Papageno.— Atrapo toda clase de pájaros para la Reina de la Noche y sus damas. A cambio, recibo comida y bebida todos los días.

Tamino.— Y dime, ¿has tenido la suerte de ver alguna vez a la Reina de la Noche?

Papageno.— ¿Ver? ¿Ver a la Reina de la Noche? ¿Qué ojo humano podría verla a través del negro tejido de su velo?

Tamino.— (Seguro que es ella, la misma de la que tanto me habló mi padre. Está claro que este hombre no es alguien normal… ¿será uno de los espíritus de la Reina?).

Papageno.— ¿Por qué me miras de forma tan sospechosa?

Tamino.— Porque dudo de que seas humano… con esas plumas pareces un…

Papageno.— ...¡cualquier cosa menos un pájaro! Vete con cuidado conmigo, que tengo la fuerza de los gigantes.

Tamino.— ¿La fuerza de los gigantes? Entonces, ¿tú me has salvado del dragón?

Papageno.— ¿Dragón? ¿Está muerto o vivo?

Tamino.— Te estaré eternamente agradecido por eso.

Papageno.— No se hable más.

Tamino.— Amigo, ¿cómo has vencido al monstruo? Tú no llevas armas...

Papageno.— Hum, un buen apretón de mi mano es la mejor de las armas.

Escena 3

Regresan las tres damas.

Las tres damas.— ¡Papageno!

Papageno.— Ese soy yo.

Tamino.— ¿Quiénes son estas damas? Deben ser muy guapas.

Papageno.— Si lo fueran no se taparían la cara.

Las tres damas.— ¡Papageno!

Papageno.— (¿Qué habré hecho mal, hoy?) Aquí, señoras, los pájaros que os traigo.

Primera dama.— Como recompensa, nuestra Reina te concede el honor de llevar este candado de oro en la boca…

Segunda dama.— …para que no digas más mentiras, ni te hagas pasar por valiente, cuando hemos sido nosotras quienes vencimos al dragón y liberamos a este joven.

Tamino.— ¿Cómo?

Tercera dama.— Tamino, nuestra Reina te envía este retrato de su hija Pamina. Si ella te gusta y además, eres valiente y la rescatas, tendrás felicidad, honores y gloria. ¡Adiós!

Las tres damas.— ¡Adiós, Papageno!

(Salen las tres damas)

La flauta mágica, adaptación de la ópera de *W. Mozart* y *E.Schikaneder*, (fragmento).

ACTIVIDADES

17 Encuentra la oración verdadera:

a. Papageno se dedica a criar pájaros.

b. Papageno cambia pájaros por comida.

c. Papageno viste de verde porque es jardinero.

18 Responde:

a. ¿Cómo muere el dragón?

b. ¿Quién toca una flauta?

c. ¿Cómo se llama el príncipe?

d. ¿Qué piensa el príncipe de Papageno?

e. ¿Por qué las tres damas ponen un candado en la boca a Papageno?

f. ¿Qué pide la Reina de la Noche al príncipe?

Y AHORA, ¡VAMOS A JUGAR A UN JUEGO DE ARTISTAS!

Cada participante irá diciendo un instrumento y su sonido, al que se añadirán los sonidos de los que se han dicho anteriormente.

—Yo soy un artista que vengo de París.
—Tú eres un cuentista, que no has estado allí.
—Yo sé tocar muy bien.
—Tú que vas a saber.
—Yo toco el tambor: porrón, pon, pon, pon.
—Yo toco la trompeta: taratá, ta, ta, ta.
—Yo toco el violín: firín, firín, firín.
—Yo toco la guitarra: ra, ra, ra, ra.
—Yo toco los platillos: chin, chin, chin, chin.
—Yo toco el piano: din don, din don, din don.
—Yo toco…

Y HABLANDO DE LAS ARTES...

El sauce toca el arpa en el agua.

La guitarra apaga la sed musical.

El platillo es el sol de la orquesta.

Solo el poeta tiene reloj de luna.

El poeta se alimenta con galletas de luna.

En el fondo de los espejos hay un fotógrafo agazapado.

Las pirámides son las jorobas del desierto.

Lo que más les molesta a las estatuas de mármol es que tienen siempre los pies fríos.

Las estatuas se ruborizan con el ocaso.

Al cine hay que ir bien peinado, sobre todo por detrás.

La sonrisa de la Gioconda está hecha para durar siglos.

El pavo real lleva en la cola, una paleta de pintor con entreverados pinceles.

Ramón Gómez de la Serna, Greguerías, (fragmento).

El ave del amanecer

Al otro lado de la descarnada cordillera del Atlas, quizá en algún lugar entre el valle del Dadés, salpicado de fortalezas, y el valle del Dra, con sus palmerales que zigzaguean junto al curso del agua, hace muchos, muchísimos años, existió un palacio en medio de un oasis inmenso.

Y el señor de aquel palacio era el hombre más poderosos de aquellas tierras. Su poder se extendía desde las altas montañas hasta los dominios de los temibles guerreros azules, ya en el corazón del desierto del Sáhara.

Y era el más poderoso porque poseía más camellos que nadie, y porque en sus palmerales se recolectaban más dátiles que en todos los demás, y porque en su oasis manaba un río de agua clara en invierno y en verano.

También era el más poderoso porque su ejército lo componían más de mil hombres, fuertes y aguerridos, armados con alfanjes relucientes, con escudos de metal y con lanzas muy largas de puntas afiladas. Aquel ejército era temido por todos. Y eso lo hacía aún más poderoso. Y este gran señor se llamaba Simak.

Por su nombre le conocían sus amigos y sus enemigos, el más alto cortesano y el más humilde panadero. No era llamado califa, ni rey, ni emperador, ni general… Todos le llamaban Simak, y con su nombre bastaba.

Tenía Simak un hijo y una hija. El hijo de Simak también se llamaba Simak, y la hija, Meluye. El hijo de Simak se preparaba para mandar un día el poderoso ejército de su padre, y para sucederle cuando la edad lo llenase de achaques, o cuando la muerte lo arrebatase de este mundo.

Meluye, como digna hija de Simak, vivía encerrada en el palacio. Su padre la había rodeado de esclavas, para que la sirviesen noche y día; le había traído vestidos lujosísimos de los confines más lejanos del mundo; le había regalado exóticos perfumes… Si quería oír música, los mejores músicos tocaban para ella. Si quería reír, los mejores cómicos actuaban para ella. Si quería soñar, los mejores poetas recitaban sus versos para ella…

Pero Meluye no quería esclavas que la sirviesen, ni vestidos lujosos, ni perfumes embriagadores, ni músicos, ni cómicos ni poetas… La gran afición de Meluye era entrar, sin que su padre se enterase, en la biblioteca, donde el anciano y sabio Ahmad se había pasado su vida entera.

Siendo niña, Meluye había mostrado al anciano y sabio Ahmad su aspiración más secreta:

—Deseo aprender a leer.

—¿Sabes que tus deseos son contrarios a la voluntad de tus padres? —le preguntó Ahmad.

—Lo sé.

—¿Y no te importa?

—No.

El anciano y sabio Ahmad no temió perder la vida si era sorprendido enseñando a leer a la hija de Simak. Y la complació, y le enseñó el nombre de cada signo, y le hizo comprender cómo con aquellos signos se podían formar palabras, y con las palabras se podía expresar todo lo que los ojos veían y todo lo que el corazón sentía.

Desde entonces, Meluye leía los libros que con tanto celo Ahmad guardaba en la biblioteca. Y tenía que hacerlo a escondidas, sin que Simak se enterase, porque en aquel lugar y en aquel tiempo ninguna mujer aprendía a leer.

La amistad que surgió entre el anciano sabio y la niña era grande y sincera: era además una amistad sellada por un secreto compartido.

En los libros descubrió Meluye que el mundo era más grande que los límites de su palacio, incluso más grande que los dominios de su padre. Era tan grande que a veces parecía no tener principio ni fin.

—¿Es verdad que existen ríos tan anchos que cuesta divisar una orilla desde la opuesta? —le preguntaba al anciano y sabio Ahmad.

—Lo es.

—¿Y es verdad que existen montañas cubiertas de espesos bosques, por los que apenas se puede penetrar?

—Sí, lo es.

—¿Y que existen hombres y mujeres diferentes a nosotros?

—En otros lugares del mundo los hombres y las mujeres tienen otros colores de piel, y hablan otras lenguas, y visten con otras ropas, y practican otras costumbres... —le explicaba pacientemente el anciano y sabio Ahmad.

—¿Y el mar? ¿Qué extraña cosa es el mar?

Ahmad recordaba los días de su juventud, cuando cruzó las montañas y llegó hasta la orilla del mar.

—Imagínate una extensión de agua más grande que todas las arenas del desierto, que se mueve sin cesar, como las dunas cuando son barridas por el viento. Su color es azul, como el cielo despejado.

Algunas tardes, Meluye se asomaba a una de las ventanas más altas del palacio y pensaba en todas las cosas que había en el mundo y ella no conocía. Deseaba entonces convertirse en una de esas aves que surcaban el cielo como enloquecidas cuando el sol estaba a punto de esconderse tras la silueta de las montañas. Soñaba alejarse volando de aquel palacio que a veces le parecía una cárcel.

Alfredo Gómez Cerdá, El Ave del Amanecer.
Colección Tucán. Editorial edebé, (fragmento).

ACTIVIDADES

19 Busca en el diccionario:

descarnada - oasis - alfanjes - califa

20 Responde:

a. ¿Quién era Simak?

b. ¿Cómo vivía su hija?

c. ¿Por qué Meluye leía a escondidas?

d. ¿Qué hizo el anciano y sabio Ahmad?

e. ¿Por qué le gustaba leer a Meluye?

21 Busca en esta dirección, dónde está la cordillera del Atlas.

http://es.wikipedia.org/wiki/Atlas_(cordillera)

22 Explica qué tipo de libros o de historias te gusta leer.

JUEGO DE LETRAS

Si canto soy un cantueso
Si leo soy un león
Si emano soy una mano
Si amo soy un amasijo…
Si lucho soy un serrucho
Si como soy como soy
Si río soy un río de risa…

Carlos Edmundo De Ory,
Fonemoramas, (fragmento).